KB179759

TOP10 연설문

Mike Hwang & 장위 지음

106살의 앤 닉슨 쿠퍼는 흑인 여자로 태어나서 투표권이 없었습니다. 또한, 백인들과 격리된 버스 좌석에 앉아야 했고, 물대포를 맞으며 인종 차별을 당했습니다. 하지만 결국 투표권을 얻어 오바마 대통령을 당선시켰습니다. 그녀는 미국이 변했고, 앞으로 더 좋게 변할 것이라고 믿습니다. 앤 닉슨 쿠퍼 이야기와 함께 오바마 대통령이 '그렇다, 우리가 할 수 있다'고 하자 청중들도 'Yes, we can.'이라고 화답합니다.

이 내용은 4번째(p.78)로 수록된 연설입니다. 수백 개의 연설문을 보고 현시대에도 깊은 울림을 전하는 10개의 연설을 담았습니다. 각 연사의 영상(goo.gl/fs9qiq)과 함께 각 연설을 처음부터 끝까지 담아서 더 깊이 있게 감상할 수 있습니다.

모든 연설의 사소한 부분도 수십, 수백 번을 보고 고쳐 쓴 것입니다. 각 문장의 이유를 생각하면서 보시면 영어 실력은 기본이고, 글쓰기와 말하기 실력도 일취월장할 것입니다.

각 장 시작의 왼쪽은 자기소개이고, 오른쪽은 연설문의 간접소개입니다. 연사들이 직접 쓴 것은 아니고 저자들이 그분들의 입장을 가정해서 쓴 글입니다. 그렇게 쓰기 위해 각 연사의 전기부터 영화까지 가능한 한 많은 자료를 봤습니다. 그분들의 사명과 가치관, 연설의 목적 등을 담으려고 했습니다.

그 집필 과정이 즐거웠고 시간 가는 줄 몰랐습니다. 이 책을 읽으시는 분들도 이 책을 통해 큰 감동과 기쁨, 깨달음을 얻으시리라 믿습니다. 그 깨달음을 통해 영어 실력은 물론, 삶에서도 이 책의 연사들보다 더 높은 성취를 이루시기 바랍니다.

무료강의(goo.gl/8id6df 또는 goo.gl/kbckkt 에서)도 진행될 예정입니다. 공부하시다가 궁금한 점은 miklish.com에 질문해 주시면 3일 내에는 답변 드립니다.

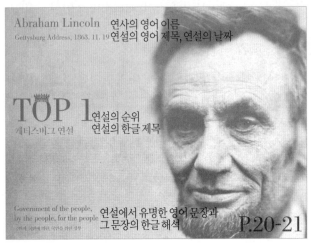

Abraham Lincoln   연사의 영어 이름
Gettysburg Address, 1863. 11. 19 연설의 영어 제목, 연설의 날짜

TOP 1 연설의 순위
게티스버그 연설   연설의 한글 제목

Government of the people,
by the people, for the people   연설에서 유명한 영어 문장과
국민의, 국민에 의한, 국민을 위한 정부   그 문장의 한글 해석   P.20-21

각 연설의 들어가는 페이지입니다.

에이브러햄 링컨 연사의 이름

연사의 간략한 소개

연사와 관련된 이야기

연설과 관련된 이야기

연사에 대한 다른 사람의 생각

연사의 영상,
MP3, 관련자
goo.gl/fs9qiq

P.22-23

왼쪽은 연사(연설을 한 사람)의 소개, 오른쪽은 연설의 소개입니다.
각 연사의 입장에서 집필했으며, 연사가 직접 작성한 내용은 아닙니다.

QR코드로 접속하시거나, goo.gl/fs9qiq 에 접속하시면, 각 페이지의 순서
대로 연설의 영상(혹은 MP3)을 보실 수 있습니다.

왼쪽은 어휘, 오른쪽은 문법입니다.

연설이 길면 연설의 중간에 어휘 페이지가 다시 등장합니다.

정답은 오른쪽 하단에 있습니다.

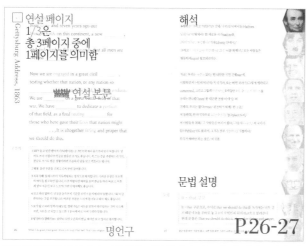

왼쪽은 연설문 본문이고, 오른쪽은 해석입니다. 가능한 한 영어 문장을 앞에서부터 순서대로 직독직해했으며, 직독직해로 의미를 알기 어려운 경우에만 순서를 바꾸거나 괄호로 설명을 달았습니다. 빈칸은 앞서 나온 QR코드(혹은 goo.gl/fs9qiq)에 접속해서 듣고 받아써야 하며, 어려운 단어는 색으로 단어와 뜻을 표시했습니다.

연설문 중에 필요한 문법은 밑줄을 치고 오른쪽 하단에 설명했습니다.

각 페이지의 하단에는 해당 연사의 명언구를 하나씩 넣었습니다.

1.강의 주소

책의 사용법에 대한 강의는 goo.gl/kt27e5 에 있습니다. 어떻게 공부하고 실습하는지 더 쉽게 아실 수 있습니다.

2.책의 난이도

책의 내용이 어려우시면 쉬운 연설부터 익히시는 것을 추천합니다.

TOP5 트레이시 p.118 > TOP2 채플린 p.32 > TOP1 링컨 p.20
> TOP11 숨겨진 연설 p.332 > TOP4 오바마 p.78 > TOP7 드 니로 p.182
> TOP6 잡스 p.140 > TOP8 스필버그 p.226 > TOP10 예수님 p.294
> TOP3 케네디 p.48 > TOP9 간디 p.276

3.어휘와 문법 공부 (p.24~25)

어휘와 문법을 완벽하게 익히기보다는, 이런 게 있다는 감만 잡고 넘어가시면 됩니다.

4.연설문 재생하기

QR코드(p.23)나 goo.gl/fs9qiq에 접속해서 해당 영상이나 MP3를 재생합니다. 팟빵(goo.gl/8id6df)과 오디오 클립(goo.gl/kbckkt)에도 올라올 예정입니다.

QR코드로 접속하는 방법은 네이버 앱 N의 스마트 렌즈 로 비춰보시면 됩니다. 아니면 휴대폰의 앱 검색(플레이 스토어 ▶, 앱스토어)에서 QR코드를 검색해도 무료로 받아서 접속하실 수 있습니다.

교도(기독교)를 박해해
부는 성경과 맞지 않는
부는 주로 공업으로 생
담배와 면을 만드는 농

5.받아쓰기 (p.26)

한 페이지를 2~5번 반복해서 들으면서 빈칸에 받아씁니다. 한 페이지씩 들으면서 받아쓰는 것을 추천해드리지만, 어렵다면 한 문장씩 재생하면서 받아쓰셔도 됩니다. 잘 안 들리는 부분은 10번 이상 들어도 좋습니다.

쉬운 단어 위주로 빈칸을 만들었지만(아는 단어도 잘 안 들립니다), 영어로 쓰기 어렵다면 한글로 발음을 적으셔도 좋습니다. 한글로도 쓰기 힘들다면 오른쪽 답을 보고 적으셔도 좋습니다.

받아쓰기 예시 P.26

Four score and seven years ago our father

brought forth on this continent, a new nation,

conceived in 리버리티,

and dedicated to the proposition that all men are

created 이큐.

Now we are engaged in a great civil or,

testing whether that nation, or any nation so

conceive and so dedicated, can long endure.

We are met on a great battle-field of that

war. We have come to dedicate a portion

of that field, as a final resting place for

those who here gave their lives that nation might

리. 문법It is altogether fitting and proper that

we should do this.

---

1 MP3 듣고 빈칸 받아쓰기(딕테이션): 2~3번 반복해서 들으면서 받아 씨봅니다. 영어로 쓰기 어렵다면 한글로 발음만 쓰셔도 좋습니다. 꼭 쓰는 것을 추천해드리지만, 한글로 쓰기도 힘든 상황이라면 오른쪽의 답을 보고 적으셔도 됩니다.

2 채점: 틀린 부분을 고치고 다시 한번 들어봅니다.

3 직독직해: 앞에서부터 직독직해하는 방식으로 해석합니다. 어려운 문장은 오른쪽의 해석을 참고하면 됩니다. 아주 어렵다면 해석을 보며 한글을 따라 써보고, 이후에 영어 지문만 보고 노트에 쓰면서 해석해도 좋습니다.

4 보고 따라 말하기: 연설을 들으면서 지문을 보면서 동시에 따라 말합니다. 3회 이상 반복하는 것을 추천합니다. 어려운 부분은 느리게 틀어놓고 따라 해도 좋습니다.

5 보지 않고 따라 말하기(쉐도잉, 생략 가능): 지문을 보면서 따라말하는 것이 익숙해지면, 지문은 보지 않고 들으면서 동시에 바로 이어서 따라 말합니다.

6 영작하기(생략가능): 실력이 되면 오른쪽의 한글 해석만 보고 영어로 영작합니다.

6.채점하기

오른쪽 페이지의 빈칸과 같은 줄의 정답을 보고, 받아 쓴 부분 중에 틀린 부분을 고쳐 씁니다.

7.해석하기

다음 페이지(p.12~19)의 직독직해 해석법을 활용해서 앞에서부터 직독직해를 합니다. 해석이 잘 안 되는 부분은 표시하고 오른쪽의 해석을 참고합니다. 참고할 때는 먼저 오른쪽 해석을 읽어봅니다. 그리고 노트에 해석을 적어보고, 실제 해석과 비교해봅니다. 오른쪽의 해석과 같을 필요는 없지만, 해석의 방향에 있어서는 가능한 한 비슷해야 합니다.

8.따라읽기

영상이나 MP3를 틀어놓고 연설문을 보면서 따라 읽습니다. 따라 읽다가 어려운 부분은 그 문장이나 문장의 일부만 끊어서 연습하고, 다시 그 페이지의 처음부터 따라 읽습니다. 연설의 속도에 맞춰 따라 읽을 수 있을 만큼 연습해야 합니다. 적게는 2~3번에서 많게는 10번, 20번 하시는 것을 추천해드립니다.

연설이 너무 빠른 경우에는 느리게 해놓은 파일을 참고하시고, 그것도 어렵다면 영상이나 MP3 없이 대본을 보고 여러 번 따라 읽은 뒤에, 한 문장씩 따라 읽는 연습을 하고, 이후에 틀어놓고 동시에 따라 읽습니다.

9.안 보고 따라읽기

연설의 속도에 맞춰 따라 읽을 수 있게 되면, 이후에는 책은 보지 말고, 듣기만 하면서 들리는 대로 바로 따라 내뱉습니다. 이것을 쉐도잉이라고 하는데, 말하기와 듣기 실력을 크게 향상시키는 방법입니다. 한국에서 영어를 잘하게 되신 분들은 대부분은 이 과정을 거쳤습니다.

10.영작하기

오른쪽(한글 해석)을 보고 영어로 영작해봅니다. 어렵다면 한번은 영어 연설을 베껴 쓴 뒤에, 이후에 영작하셔도 좋습니다. 영작은 생략해도 좋습니다. 실력이 된다면 마음에 드는 연설문 한편이라도 꼭 해보시는 것을 추천해드립니다.

Four score and seven years ago our fathers
brought forth on this continent, a new nation,
conceived in 리버럴티liberty,
and dedicated to the proposition that all men are
created 이글equal.

Now we are engaged in a great civil ~~or~~ war,
testing whether that nation, or any nation so
conceived and so dedicated, can long endure.
We are met on a great battle-field of that
war. We have come to dedicate a portion
of that field, as a final resting place for
those who here gave their lives that nation might
liveⅷ 문법It is altogether fitting and proper that
we should do this.

---

1 MP3 듣고 빈칸 받아쓰기(딕테이션): 2~3번 반복해서 들으면서 받아 써봅니다. 영어로 쓰기 어렵다면 한글로 발음만 쓰셔도 좋습니다. 꼭 쓰는 것을 추천해드리지만, 한글로 쓰기도 힘든 상황이라면 오른쪽의 답을 보고 적으셔도 됩니다.

2 채점: 틀린 부분을 고치고 다시 한번 들어봅니다.

3 직독직해: 앞에서부터 직독직해하는 방식으로 해석합니다. 어려운 문장은 오른쪽의 해석을 참고하면 됩니다. 아주 어렵다면 해석을 보며 한글을 따라 써보고, 이후에 영어 지문만 보고 노트에 쓰면서 해석해도 좋습니다.

4 보고 따라 말하기: 연설을 들으면서 지문을 보면서 동시에 따라 말합니다. 3회 이상 반복하는 것을 추천합니다. 어려운 부분은 느리게 틀어놓고 따라 해도 좋습니다.

5 보지 않고 따라 말하기(쉐도잉, 생략 가능): 지문을 보면서 따라말하는 것이 익숙해지면, 지문은 보지 않고 들으면서 동시에 바로 이어서 따라 말합니다.

6 영작하기(생략가능): 실력이 되면 오른쪽의 한글 해석만 보고 영어로 영작합니다.

1. 끊어 읽기

1 시작하는 명사(주어) 앞에서 끊는다.

7 years ago/ our father brought forth a new nation.
7년 전에/ 우리의 아버지는 낳았다/ 한 새로운 국가를.

2 시작하는 명사(주어)가 길어지면 명사 뒤에서 끊는다.

The way of life/ can be free. 그 삶의 방법은/ 자유로울 수 있다.

People here/ gave their lives.
이곳의 사람들은/ 줬다/ 그들의 생명을

3 본동사의 뒤에서 끊는다.

They gave/ their lives. 그들은 주었다/ 그들의 생명들을.

The world will remember/ this. 그 세계는 기억할 것이다/ 이것을.

4 전치사와 접속사의 앞에서 끊는다.

We are engaged/ in a war.
우리는 관련되었다/ 한 전쟁 안에.

We tested/ whether that nation can endure.
우리는 시험했다/ 저 국가가 참을 수 있는지를.

5a 전치사는 이어지는 명사에 붙여서 해석한다.

on this continent 이 땅에서
in liberty 자유 안에서
to the proposition 그 주제로

5b 접속사는 본동사에 붙여서 해석한다.

whether that nation can endure.
저 국가가 참을 수 있는지 (can endure에 붙임)

2. 문장 구조(형식)에 따른 해석

1 가장 많이 쓰는 해석은 '누가-한다-무엇을' 이다. (3형식)

They-gave-their lives. 그들은-주었다-그들의 생명들을.

The men-consecrated-it. 그 사람들은-신성하게 했다-그것을.

We-do-this. 우리는 한다/ 이것을.

2 두 번째로 많이 쓰는 해석은 '누가-상태모습(be동사)이다-어떤' 이다. 이 책에서 be동사는 어떤(보어)과 합쳐서 해석했다. (2형식)

Men are created. 사람들은 창조되어진다.

3 드물게 '누가-한다-(무엇을)'에서 (무엇을)이 없다. (1형식)

We can endure.
우리는 참을 수 있다. (endure 뒤에 목적어(무엇을)가 없다.)

4 드물게 '누가-한다-(누구에게)-무엇을' 이 쓰인다. (4형식)

A world give (men) a chance.
한 세상은 준다 (사람들에게) 한 기회를.

5 드물게 '누가-한다-무엇이-(어떻게)' 가 쓰인다. (5형식)

God created men (equal).
신은 창조했다/ 사람들을 (평등하게).

Our knowledge made us (cynical).
우리의 지식은 만들었다/ 우리를 (냉소적으로).

Let us (unite).
허락해라/ 우리가 (단결하도록).

3. 조동사

1 조동사는 본동사와 하나의 덩어리로 생각한다.

We can endure. 우리는 참을 수 있다. (can endure가 한 덩어리)

2 과거의 조동사는 과거로는 잘 안 쓰이고 주로 의미를 약하게 한다.

We should do this. 우리는 그것을 해야 한다.

shall(~해라)을 약하게 해서 should(~해야 한다)를 썼다.

That nation might live. 저 국가는 살아날지도 모른다.

may(~할 것 같다)를 약하게 해서 might(~할지도 모른다)를 썼다.

3 조동사의 의미

will ~할 것이다 **can** ~할 수 있다 **may** ~할 것 같다

The world can never forget it.

그 세상은 절대 잊을 수 없다/ 그것을.

The communists may be doing it.

그 공산주의자들은 하는 중일 것 같다/ 그것을.

must ~해야 한다 **shall** ~해라, ~할 것이다 **should** (내 생각엔) ~해야 한다

We should do this. 우리는 해야 한다/ 이것을.

This time must be different. 이번은 달라야 한다.

The people shall not die in vain.

그 사람들은 죽지 않을 것이다/ 의미 없이.

would ~하려 한다, ~할 것 같다 **could** ~할 수도 있다
might ~할지도 모른다

Nations would make our adversary.

국가들은 만들 것 같다/ 우리의 적을.

4. 준동사 1: 동사+ing (현재분사)

1 명사 자리에서는 '~하는 것'으로 해석한다.

They sought power by riding the tiger.
그들은 추구했다/ 힘을/ 타는 것에 의해 그 호랑이를.

2 형용사 자리에서는 '~하는 중인'으로 해석한다.

My voice is reaching millions.
나의 목소리는 닿는 중이다/ 수백만 (명)에게.

3 그 외의 자리에서는 '~하면서(분사구문)'로 해석한다.

We are engaged in a war, testing whether that nation can endure.
우리는 관련됐다/ 한 전쟁에, 시험하면서/ 저 국가가 참을 수 있는지를.

5. 준동사 2: 동사+ed (과거, 과거분사)

1 본동사 자리에서는 '~했다'로 해석한다.

God created men. 신은 창조했다/ 사람들을.

We consecrated it. 우리는 신성하게 했다/ 그것을.

2 그 외의 자리에서는 '~해진', '~해지면서(분사구문)'으로 해석한다.

Men were created. 사람들은 창조되어진다.

It was consecrated. 그것은 신성해졌다.

We are dedicated to the unfinished work.
우리는 헌신한다/ 그 끝나지 않은 일에.

Divided there is little we can do.
(우리가) 나뉘지면서/ 아주 적은 것이 있다/ 우리가 할 수 있는 것은.

해석법
3/4

6. 준동사 3: to+동사 (부정사)

1 명사 자리에서는 '~하는 것'으로 해석한다. (명사적 용법)

We want to live.
우리는 원한다/ 사는 것을.

I want to be an emperor.
나는 원한다/ 한 황제가 되는 것을.

I like to help everyone.
나는 좋아한다/ 돕는 것을 모든 사람을.

To reject this evidence is to deny oneself.
이 증거를 거부하는 것은 스스로를 부정하는 것이다.

2 그 외의 자리에서는 '~하기 위해'로 해석한다. (부사적 용법)

We want money to live.
우리는 원한다/ 돈을/ 살기 위해.

We come to dedicate a portion.
우리는 온다/ 헌신하기 위해 한 몫을.

To have energy, you need good foods.
힘을 가지기 위해, 당신은 필요하다/ 좋은 음식들을.

3 드물게 바로 앞의 명사를 꾸며서 '~할 수 있는'으로 해석한
다. (형용사적 용법)

We have the power to add.
우리는 가진다/ 더할 수 있는 그 힘을. (바로 앞의 명사는 the power)

People have the power to create machines.
사람들은 가진다/ 그 힘을/ 기계들을 창조할 수 있는.
(바로 앞의 명사는 the power)

7. 관계대명사, 관계부사

1 관계대명사 앞에 선행사가 있으면 그 선행사를 의미한다.

It is the work which they advance.
그것이 그 일이다/ 그 일을 그들이 진보시킨다.

The men who struggled here consecrated it.
그 사람들은 (그 사람들은 투쟁했다/ 여기서) 신성하게 했다/ 그것을.

2 관계대명사 앞에 선행사가 없으면 선행사를 포함한다.

It is which they advance.
그것이 어떤 것이다/ 그 어떤 것을 그들이 진보시킨다.

The world can never forget what they did here.
그 세상은 절대 잊지 못할 것이다/ 무엇을 그들이 했는지 여기서.

3 관계부사는 선행사로 쓸 수 있는 명사의 종류가 정해져 있다
(when: 시간 관련, where: 장소 관련, why: 주로 the reason).

America is a place where all things are possible.
미국은 한 장소이다/ 그 장소에서 모든 것들은 가능하다.

4 관계대명사 앞에 전치사가 있으면 전치사와 함께 한 덩어리
로 해석한다.

We took the cause for which they gave their lives.
우리는 가져갔다/ 그 이유를/ 그 이유를 위해 그들은 주었다/ 그들의 생명을.

5 선행사가 없는 that(명사절 that)은 '한 문장을'을 의미하고,
그 문장이 무엇인지 이어서 나온다.

He said that 95% is the result of habit.
그는 말했다/ 한 문장을/ 95%는 습관의 결과라고.

They believe that this time is different.
그는 믿는다/ 한 문장을/ 이번은 다르다고.

8. 등위접속사 (and, but, or)

1 등위접속사의 뒤는 앞의 내용을 생략(흐린 글씨)한 후 문장을 이어서 쓴다.

Our father brought forth a new nation,
and dedicated to the proposition

우리의 아버지는 한 새로운 국가를 낳았다,
그리고 우리의 아버지는 헌신했다/ 그 주제에. (and 뒤에 our father가 생략됨)

2 여러 개를 열거할 때 등위접속사를 쓴다.

Brave men, living and dead, struggled here.

용감한 사람들은, 살아서나 죽어서나, 여기서 투쟁했다.

9. 콤마(,) 사용

1 뒤의 내용이 앞으로 나왔을 때 사용한다.

In a larger sense, we can not dedicate.

한 더 큰 의미에서, 우리는 헌신할 수 없다.
(원래 문장은 We can not dedicate in a larger sense.)

2 중간에 삽입됐을 때 시작과 끝에 사용한다. 이 경우 삽입된 부분을 괄호로 묶어서 해석한다.

Our father brought forth, on this continent, a new nation.

우리의 아버지는 낳았다, (이 땅에서), 한 새로운 국가를.
(on this continent가 삽입됨)

The men, who struggled here, consecrated it.

그 사람들은, (그 사람들은 투쟁했다/ 여기서), 신성하게 했다/ 그것을.
(who struggled here가 삽입됨)

3 여러 개를 열거할 때 and 대신 사용한다.

Let's explore the stars, conquer the deserts, and encourage the arts.

우리가 별들을 탐험하고, 사막을 정복하고, 그리고 예술을 장려하자.

10. 도치

1 주어가 길어지면 도치된다.

Blessed are the poor in spirit.

축복받는다/ 그 영혼이 가난한 사람들은.

(도치되기 전의 문장은 The poor in spirit are blessed.)

2 강조하는 말이 나오면 도치된다.

Wide is the gate. 넓다/ 그 문은.

(도치되기 전의 문장은 The gate is wide.)

Nor will it be finished in 1000 days.

또는 1000일 만에 그것이 끝나지 않을 것이다.

(도치되기 전의 문장은 Or, it will not be finished in 1000 days.)

3 의문문은 도치한다.

What are the habbits? 무엇이 그 습관들인가?

(원래 문장은 The habbits are some things. 그 습관은 어떤 것들이다.)

How do you develop a good habit?

어떻게 당신이 한 좋은 습관을 발전시키는가?

(원래 문장은 You develop a good habit slowly. 당신은 한 좋은 습관을 느리게 발전시킨다.)

4 there is/ there are는 관용구로 항상 도치해서 쓴다.

There is realization.

깨달음이 있다.

There are many people.

많은 사람들이 있다.

Abraham Lincoln

Gettysburg Address, 1863. 11. 19

TOP 1

게티스버그 연설

Government of the people,
by the people, for the people

국민의, 국민에 의한, 국민을 위한 정부

에이브러햄 링컨

미국 16대 대통령 193cm, 90kg, 1남 1녀중 둘째
1809.02.12 ~ 1865.04.15

실패의 아이콘

주변의 소중한 사람들이 일찍 죽었다. 9살 때 어머니께서 우유 질병으로 돌아가셨고, 누나는 아이를 낳다가 죽었고, 약혼녀도 전염병으로 사망했다. 4명의 아들 중 2명은 태어나서 얼마 지나지 않아 죽었고, 남은 2명 중 1명도 18살 때 죽었다.

삶은 실패의 연속이었다. 3km를 걸어 다닌 초등학교는 1년도 못다녔다. 15살 때부터 상점 점원, 뱃사공 등의 아르바이트를 했다. 잡화점을 경영하다 파산해서 이후 17년 동안 빠듯하게 살면서 그 빚을 갚았다. 주의원에 당선된 이후에도 토지측량과 편지배달 일을 계속 해야 했다. 그러면서 독학으로 변호사 자격을 취득했다.

주의원 선거에 두 번 낙선, 상원의원에 두 번 낙선, 부통령 선거에도 한 번 낙선했다. 이렇게 많은 실패에도 계속해서 정치에 도전한 이유는 통일된 미국을 만들고 싶어서였다. 하지만 대통령이 되자마자, 노예제도를 찬성하는 세력 때문에 미국은 남북으로 갈라져 전쟁을 해야했다. 그리고 전쟁이 끝난 지 1주일 뒤, 노예 반대파인 존 윌키스 부스의 총격으로 암살당했다.

대통령이 되기 전까지 나의 이력이 엉망인 것은, 그만큼 살기 위해 많은 노력을 하며 발버둥친 증거이다. 나는 실패를 통해 더 많은 사람들을 이해할 수 있었고, 대통령이 됐을 때 더 옳은 판단을 하게 했다고 믿는다. 삶이 주는 시련에 절대 꺾이지 말고, 앞으로 더 잘되기 위한 밑거름으로 여기길 바란다.

톨스토이

링컨은 자기를 죽이려던 원수들까지도 용서한 그리스도의 축소판이다. 다른 국가적 영웅들을 초라하게 만들 정도이다. 그는 미국이 감당하기 어려울 정도로 큰 인물이다.

기타

미국인이 가장 존경하는 대통령(1948, 1962, 1992, 1996, 2008, 2009), 5센트 동전과 5달러 지폐 모델.

게티스버그 연설

난이 ★★★
재미 ★
감동 ★★★★
교훈 ★★

미국인들의 다수는 영국에서 청교도(기독교)를 박해해서 이주해왔다. 그래서 미국의 북부는 성경과 맞지 않는 노예제도를 반대했다. 그리고 북부는 주로 공업으로 생계를 유지하는 반면, 남부는 주로 담배와 면을 만드는 농업에 의존했다. 담배와 면을 만드는 데에는 노동력이 필요한데, 아프리카에서 잡아 온 노예로 그 노동력을 값싸게 충당할 수 있었다.

당시 미국에는 22개의 주가 있었는데, 링컨이 대통령이 된 이후에 남부의 7개의 주는 미국에서 독립을 한다. 그리고 새로운 나라를 건설해서 북부와 전쟁을 한다. 그 전쟁은 4년간 지속됐는데, 북이 결정적으로 승기를 잡게 된 전쟁이 게티스버그 전투이다. 이 전투로 5만 명 넘게 죽거나 다쳤다.

링컨이 게티스버그의 국립묘지 개장식의 연설을 준비하면서 고민이 많았을 것이다. 특히 그 유가족들은 무슨 말로도 위로가 되지 않을 것이다. 링컨은 깊은 애도와 함께 '국민의, 국민에 의한, 국민을 위한 정부'라는 말을 한다. 이 말은 민주주의 이념을 대표하는 말이 됐고, 이 연설은 역사상 가장 뛰어난 연설로 꼽힌다.

게티스버그 연설에서 링컨이 찍힌 유일한 사진 *위키피디아*

score	20	far above	훨씬 넘는
bring forth	낳다	detract	비방하는
conceived	생각하다, 상상하다	the living	살아있는 사람들
dedicated	헌신적인	thus far	지금까지
proposition	명제, 주제	nobly	고결하게
engaged	관련된	rather	차라리
endure	참다	remaining	남아있는
portion	몫	honored	명예로운
fitting	적합한	measure	양
consecrate	봉헌하다	highly	크게
hallow	신성하게 하다	in vain	의미 없이

conceived	❶	ⓐ	헌신적인
dedicated	❷	ⓑ	의미 없이
proposition	❸	ⓒ	비방하는
engaged	❹	ⓓ	관련된
fitting	❺	ⓔ	생각하다, 상상하다
hallow	❻	ⓕ	적합한
detract	❼	ⓖ	고결하게
nobly	❽	ⓗ	명예로운
honored	❾	ⓘ	주제
in vain	❿	ⓙ	신성하게 하다

If slavery is not wrong, nothing is wrong.

All men are created equal.

누가　　　　　　어떻다

모든 사람들은　　　창조된다/　　　평등하게

비동사 뒤의 과거분사(주로 동사+ed, create+ed)는 '~되어진(창조되어진)'을
의미한다. 이 경우에 주어(누가, All men)가 '당하는 것'을 의미한다.

1.We are engaged in a great civil war.

우리는 ＿＿＿＿＿＿＿＿ 한 대단한 시민 전쟁안에.

2.We are met on a great battle-field.

우리는 ＿＿＿＿＿＿＿＿ 한 대단한 전쟁-터에서.

3.It was created by him. (스티브 잡스 15)

그것은 ＿＿＿＿＿＿＿＿ 그에 의해서.

4.A world was connected by science. (버락 오바마 14)

한 세계는 ＿＿＿＿＿＿＿＿＿ 과학에 의해서.

5.Amricans are summoned. (J. F. 케네디 6)

미국인들은 ＿＿＿＿＿＿＿＿＿.

6.This will not be finished in 100 days. (J. F. 케네디 6)

이것은 100일 만에 ＿＿＿＿＿＿＿＿ 않을 것이다.

관련단원 4시간에 끝내는 영화영작: 기본패턴 9단원(p.50)
6시간에 끝내는 생활영어 회화천사: 5형식/준동사 39단원(p.124)

Words 1/1: 1e 2a 3i 4d 5f / 6j 7c 8g 9h 10b

Grammar Pattern: 1.관련된다 2.만나진다 3.창조되어졌다
4.연결되어졌다 5.소환되어진다 6.끝내지지

노예제도가 나쁜 게 아니라면, 어떤것을 나쁘다고 할 수 있겠는가?

Gettysburg Address, 1863

Four score and seven years ago our _____ brought forth on this continent, a new _____, conceived in _____, and dedicated to the proposition that all men are created _____.

Now we are engaged in a great civil _____, testing whether that nation, or any nation so _____ and so dedicated, can long endure. We are _____ on a great battle-field of that war. We have _____ to dedicate a portion of that field, as a final resting _____ for those who here gave their lives that that nation might _____. 문법It is altogether fitting and proper that we should do this.

공부법

1 MP3 듣고 빈칸 받아쓰기(딕테이션): 2~3번 반복해서 들으면서 받아 써봅니다. 영어로 쓰기 어렵다면 한글로 발음만 쓰셔도 좋습니다. 꼭 쓰는 것을 추천해드리지만, 한글로 쓰기도 힘든 상황이라면 오른쪽의 답을 보고 적으셔도 됩니다.

2 채점: 틀린 부분을 고치고 다시 한번 들어봅니다.

3 직독직해: 앞에서부터 직독직해하는 방식으로 해석합니다. 어려운 문장은 오른쪽의 해석을 참고하면 됩니다. 아주 어렵다면 해석을 보며 한글을 따라 써보고, 이후에 영어 지문만 보고 노트에 쓰면서 해석해도 좋습니다.

4 보고 따라 말하기: 연설을 들으면서 지문을 보면서 동시에 따라 말합니다. 3회 이상 반복하는 것을 추천합니다. 어려운 부분은 느리게 틀어놓고 따라 해도 좋습니다.

5 보지 않고 따라 말하기(쉐도잉, 생략 가능): 지문을 보면서 따라말하는 것이 익숙해지면, 지문은 보지 않고 들으면서 동시에 바로 이어서 따라 말합니다.

6 영작하기(생략가능): 실력이 되면 오른쪽의 한글 해석만 보고 영어로 영작합니다.

When I do good, I feel good. When I do bad, I feel bad. That's my religion.

4개의 20 그리고 7년(87년) 전에/ 우리의 아버지들은<u>fathers</u>

낳았다 (이 땅에서) 한 새로운 국가<u>nation</u>를,

(그 국가는) 품어진/ 자유<u>liberty</u> 안에서,/

그리고 (그 국가는) 헌신했다/ 그 주제(를 위해)에/ 모든 사람들은

평등하게<u>equal</u> 창조되었다는.

지금/ 우리는 관련되었다/ 한 대단한 시민 전쟁<u>war</u>에,

시험하면서 (~인지 아닌지) 저 국가가, 또는 어떤 국가가 (그렇게 생각되고

<u>conceived</u>, 그리고 그렇게 헌신적인), 오랫동안 버텨낼 수 있는지 아닌지를.

우리는 만나졌다<u>met</u>/ 한 대단한 전쟁-터에서/ 저

전쟁의. 우리는 왔다<u>come</u>/ 헌신하기 위해/ 한 몫을/

저 들판의, 한 마지막으로 쉬는(죽음의) 장소<u>place</u>로써/

저 사람들을 위해/ 그 사람들은 여기서 줬다/ 그들의 목숨을/ 저 국가가

살(아날)<u>live</u>지도 몰라서. 그것은 전부 적합하고 적절하다/

우리가 해야만 하는 것은/ 이것을.

좋은 일을 하면 기분이 좋고, 나쁜 일을 하면 기분이 나쁘다. 그것이 나의 종교이다.

But, in a larger _____,
we can not dedicate
— we can not consecrate
— we can not hallow — this _____.

The _____ men, living and dead, who
struggled here, have consecrated it, far above our
_____ power to add or detract. The _____
will little note, nor long remember what we say
here, but it can never _____ what they did
here. It is for us the living, rather, to be dedicated
here to the unfinished _____ which they who
fought here have thus far so nobly advanced.

연합군
죽음

1863. 7.

Timothy H.
위키피디아

A divided house cannot stand.

그러나, 한 더 큰 의미sense 안에서,

우리는 헌신할 수 없다

─ 우리는 바칠 수 없다

─ 우리는 신성하게 할 수 없다 ─ 이 땅ground을.

그 용감한brave 사람들은, (살아서 그리고 죽어있는, 그 사람들은

투쟁했다/ 여기서), 신성하게 했다/ 그것(이 땅)을, 우리의

빈약한poor 힘을 훨씬 넘는/ 더 하거나 가치를 떨어트리는 (힘). 그 세계world

는 조금 주목할 것이다, 또는 오래 기억하지 않을 것이다/ 무엇을 우리가 말하

는지 여기서, 그러나 그것(세계)은 절대 잊을forget 수 없을 것이다/ 무엇을 그

들이 했는지 여기서. 그것은 우리 살아있는 사람들의 몫이다, 차라리, 헌신적이

어야 하는 것이 여기서, 그 끝나지 않은 일work에게(을 위해)/ 그것을 그들이

(그들은 싸웠다/ 여기서) 지금까지 아주 고결하게 진보시켰다.

나눠진 집안(과거의 미국, 현재의 한국)은 똑바로 설 수 없다.

It is rather for us to be here dedicated to the great
_____ remaining before us
— that from these honored dead we take increased
devotion to that cause 문법for which they gave the
last full measure of devotion
— that we here highly resolve that these dead shall
not have _____ in vain
— that this nation, under God, shall have a new
birth of _____
— and that government of the people, by the
people, for the people, shall not perish from the
_____.

정부의

of the pe
by the p
for the p
이 새겨진
들고있다

1896
Elihu Ve
벽화

위키피디아

Gettysburg Address, 1863

You cannot escape the responsibility of tomorrow by evading it today.

그것은 차라리 우리가/ 여기서 헌신적이어야 한다/ 그 대단한

임무task(을 위해)에/ 남아있는/ 우리 앞에

―그 임무(task)에/ 이 명예롭게 죽은자들로부터/ 우리는 가져간다/ 증가된

헌신을/ 저 이유cause로(를 위해)/ 그 이유를 위해/ 그들은 줬다/ 그

마지막 가득한 헌신의 양을/

―그 임무(task)에 우리가 여기서 크게 다짐한다는/ 한 문장을/ 이

죽은 자들이 죽지<u>died</u> 않았다고/ 의미 없이

―그 임무(task)/ 이 국가는, 신의 아래에서, 가져야 한다는/ 한 새로운

탄생을/ 자유<u>freedom</u>의

―그리고 그 임무(task)에/ 정부는, (국민의,

국민에 의한, 국민을 위한), 멸망하지 않아야 한다는/

지구상<u>earth</u>으로부터.

Charlie Chaplin

The Final Speech of the Great Dictator,
1940. 10. 15.

TOP 2

'위대한 독재자'의 마지막 연설

We think too much and feel too little.

우리는 너무 많이 생각하고, 너무 적게 느낀다.

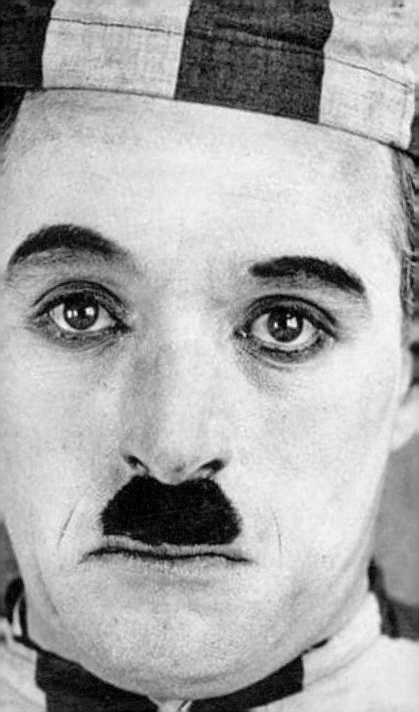

찰리 채플린

코미디언, 영화감독, 165cm, 74kg, 2남 중 둘째
1889.04.16. ~ 1977.12.25.

**희극일지
비극일지는
당신의 선택**

나의 아이들이 정원에서 티 없이 맑게 뛰논다. 그들에게 부족하지 않게 무엇이든 늘 채워주고 싶다. 어머니도 지금의 내 마음과 같았 겠지? 부모가 되고 보니 어머니가 더욱 사무치게 그리워진다. 불우한 어린 시절의 너무나도 외로웠던 내가 떠오른다.

극빈자들에게 제공되었던 구빈소와 보육원은 나에게 가난의 고통을 넘어서 극도의 외로움을 느끼게 한 장소였다. 어머니는 정신병으로 고통스러워하셨다. 어머니가 병원에 계시는 동안, 두 달간 아버지와 살았는데, 평소 연락이 없다가 알코올 중독자가 돼서 나타난 아버지는 너무나도 낯설었다. 형이 돈을 벌면서, 어머니와 형 그리고 나 이렇게 세 식구가 이제 함께 지내나 했는데, 얼마 지나지 않아 어머니는 병세가 심해지셔서 세상을 떠나셨다.

도저히 웃음이 묻어날 수 없는 어린 시절이었다. 찢어지는 가난과 어머니의 죽음 앞에서, 어린 내가 할 수 있는 것은 아무것도 없었다. 그렇게 어머니를 보내드릴 수밖에 없었던 상황이 원망스러웠다. 지금 누리고 있는 이 풍요로움을 어머니께 조금이라도 바칠 수 있다면 얼마나 좋을까. 이 정원을 함께 걸을 수 있다면 얼마나 좋을까.

나의 어린 시절은 비극일까, 아니면 희극일까? 불우했던 것은 맞지만, 비극을 선택하지 않겠다. 일어난 일에 대해 울 것인지 웃을 것인지는 내가 결정할 수 있다. 영화를 통해 말하고 싶다. 어떤 상황에서도 웃을 수 있다고, 용기와 희망을 잃지 말라고, 행복은 상황에 있는 것이 아니라 이미 내 안에 존재한다고 말이다. 혹시 누군가 어린 시절의 나와 같은 삶을 살고 있다면, 다가가 안아주고 싶다. 그대의 잘못이 아니라고, 지금 이 순간에도 행복할 자격이 있다고, 말없이 위로하고 싶다.

'위대한 독재자'의 마지막 연설

감이 ★★
재미 ★★
감동 ★★★★
교훈 ★★★

찰리 채플린의 수염은 히틀러를 생각나게 한다. 동갑에 생일은 5일 차이. 그래서 이번에는 진짜 히틀러 역할을, 그것도 채플린 최초의 유성영화로 만들어냈다. 채플린은 이 영화에서 1인 2역을 맡는데, 한명은 히틀러를 닮은 독재자(힌켈), 다른 한명은 유태인 이발사 역이다.

힌켈는 흥분을 잘하고, 독재를 위해서는 무슨 짓이든 한다. 심지어 유태인에게 돈을 빌려서 유태인을 학살하려고 한다. 그 무거운 내용을 유쾌하게 전달하는데, 엉터리 독일어를 하다가 헛기침을 하거나, 마시고 남은 물을 바지에 넣는 등 우스꽝스러운 마임을 보여 준다.

유태인 이발사는 과거에 독일군으로 징집되었을 때, 사령부에 있는 슐츠의 목숨을 구해준다. 그 때문에 독일군이 유태인들을 핍박할 때도 피해갈 수 있었다. 하지만 슐츠가 배신자로 몰리고, 결국 슐츠와 이발사는 수용소에 잡혀 가게 된다.

힌켈의 군대는 오스트리아를 점령하기 위해 국경에서 집결한다. 그 무렵 슐츠와 이발사는 독일 군복을 훔쳐 입고 탈옥하고, 이발사를 찾던 군인들은 민간복을 입고 사냥하던 힌켈을 이발사인줄 알고 잡아간다.

반면에 이발사는 오스트리아 국경에서 힌켈로 오인 받아 연단에 오르게 된다. 힌켈을 대신해서 연설하는데 영화 역사상 가장 위대한 연설이자, 수많은 명대사를 남겼다.

이 연설은 특히 운율과도 같은 강한 어조가 매력적이다. 암전이 드리워진 고독한 독백의 무대에서 대사를 읊조리다가, 폭발적으로 메시지를 쏟아내며 마치 연극배우가 된 듯 연설문을 읽어보는 것은 어떨까?

conquer	정복하다	innocent	무죄인
Jew	유대인	despair	절망하다
misery	불행	progress	진보
despise	경멸하다	perish	멸망하다
greed	탐욕	brute	짐승같은 사람
goose	거위	regiment	통제한다, 부대
bloodshed	유혈사태	unnatural	비정상적인
humanity	인간애	slavery	노예제도
gentleness	온화함	liberty	자유
violent	폭력적인	democracy	민주주의
brotherhood	인류애	decent	제대로 된
victim	희생자	fulfill	이행하다
torture	고문하다	enslave	노예로 만든다

conquer	❶	ⓐ	유대인
despise	❷	ⓑ	인간애
greed	❸	ⓒ	정복하다
perish	❹	ⓓ	탐욕
innocent	❺	ⓔ	폭력적인
violent	❻	ⓕ	희생자
victim	❼	ⓖ	무죄인
humanity	❽	ⓗ	이행하다
fulfill	❾	ⓘ	경멸하다
Jew	❿	ⓙ	멸망하다

Life is a tragedy when seen in close-up, but a comedy in long-shot.

We want to live.

누가　　　한다　　　　무엇을
우리는　원한다　사는 것을.

to+동사원형은 '무엇을(목적어)'자리에 가장 많이 쓰이며, 이 때는 '~하는 것을'으로 해석한다. live: 살다, to live: 사는 것을. 다른 자리에서는 주로 '~하기 위해'로 해석된다. We want money to live. 우리는 살기위해 돈이 필요하다.

---

1. We all want to help one another.

   우리 모두는 서로서로 _____ 원한다.

2. I don't want to be an emperor.

   나는 한 황제가 _____ 원하지 않는다.

3. I should like to help everyone.

   나는 모두를 _____ 좋아해야 한다.

4. We don't want to hate one another.

   우리는 서로서로 _____ 원하지 않는다.

5. Let us fight to free the world! (그 외의 자리)

   우리가 싸우자 세상을 _____.

6. Let us fight to fulfill that promise! (그 외의 자리)

   우리가 싸우자 저 약속을 _____.

관련단원 4시간에 끝내는 영화영작: 기본패턴 18단원(p.86), 응용패턴 7단원(p.42)
6시간에 끝내는 생활영어 회화천사: 5형식/준동사 42단원(p.134), 46단원(p.142)

Words 1/1: 1c 2i 3d 4j 5g / 6e 7f 8b 9h 10a

Grammar Pattern: 1.돕는 것을 2.되는 것을 3.돕는 것을
　　　　　　　　　4.증오하는 것을 5.자유롭게 하기 위해
　　　　　　　　　6.이행하기 위해

삶은 가까이서 보면 비극이고, 멀리서 보면 희극이다.

우리는 서로 도와야 한다

The Final Speech of the Great Dictator, 1940

I'm sorry, but I don't _____ to be an emperor. That's not my business. I don't want to _____ or conquer anyone. I should like to help everyone if _____ — Jew, Gentile, black men, white…

We all want to help one another. _____ beings are like that. We want to live by each others' _____, not by each other's misery. We don't want to _____ and despise one another. In this world there is room for everyone. And the good _____ is rich and can provide for everyone. The way of life can be free and beautiful, but we have _____ the way.

이발사
연설

영화
위대한 독재자
마지막 장면

A day without laughter is a day wasted.

나는 미안하다, 그러나 나는 원하지<u>want</u> 않는다/ 황제가 되는 것을.

그러나 저것은 나의 일이 아니다. 나는 원하지 않는다/ 지배하는<u>rule</u> 것을/

또는 정복하는 것을 어느 누군가를. 나는 좋아해야 한다/ 돕는 것을 모두를/

가능하다면<u>possible</u> ─ 유대인, 비유대인, 흑인, 백인...

우리 모두는 원한다/ 돕는 것을 서로서로. 인간<u>Human</u>은

저것과 같다. 우리는 원한다/ 사는 것을/ 서로의

행복<u>happiness</u>에 의하여, (아니라) 서로서로의 불행에 의해서가 아니라. 우리

는 원하지 않는다/ 증오하는<u>hate</u> 것을 그리고 경멸하는 (것을) 서로서로. 이

세상에는/ 자리가 있다/ 모두를 위한. 그리고 그 좋은

땅<u>earth</u>은 풍요롭다/ 그리고 제공할 수 있다/ 모두를 위해.

그 삶의 방법은/ 자유롭고 아름다울 수 있다, 그러나 우리는

잃어버렸다<u>lost</u>/ 그 방법을.

웃음이 없는 하루는 헛된 하루이다.

Greed has poisoned men's _____; has barricaded the world with hate; has goose-stepped us into misery and bloodshed. We have developed speed, but we have _____ ourselves in. Machinery that gives abundance has left us in want. Our knowledge has made us cynical; our cleverness, hard and unkind.

We think too much and _____ too little. More than machinery, we need humanity. More than cleverness, we need _____ and gentleness. Without these qualities, life will be violent and all will be lost. The aeroplane and the radio have _____ us closer together. The very nature of these inventions cries out for the goodness in man; cries out for _____ brotherhood; for the _____ of us all.

헌켈의

영화 위대한 독

Clown places me on a far higher plane than any politician.

탐욕은 독살시켜왔다/ 인간들의 영혼들을souls; (탐욕은)

방어벽을 쳐왔다/ 그 세상을/ 증오와 함께; (탐욕은) 거위

-걸음(단체로 거위처럼) 걷게 해왔다/ 우리를/ 고통과 유혈사태 안쪽으로. 우리

는 발전시켜오고 있다 속도를, 그러나 우리는 갇히게shut 해오고 있다/ 우리 자

신을 안에. 기계는 (그 기계는 준다/ 풍요로움을) 남겨두었다/ 우리를/ 결핍 안

에. 우리의 지식은 만들었다/ 우리를 냉소적으로; 우리의

영리함(은), (우리를) 딱딱하고 불친절하게 만들었다.

우리는 생각한다/ 너무 많이/ 그리고 느낀다feel/ 너무 조금.

기계보다 더 많이, 우리는 필요로 한다/ 인간애를.

영리함 이상으로, 우리는 필요로 한다/ 친절kindness과 온화함을.

이러한 자질들 없이는, 삶은 폭력적으로 될 것이다/ 그리고

모든 것이 잃어버려질 것이다. 그 비행기와 그 라디오는

데려왔다brought/ 우리를 더 가깝게 함께. 바로 그 본질은

(이 발명품들의) 호소한다/ 그 선함을 위하여/ 인간 안에;

그 본질은 호소한다/ 보편적인universal 인류애를 위하여; 그 본질은 호소한

다/ 그 하나됨(화합)unity을 위하여/ 우리 모두의.

광대라는 직업은 나를 정치인보다 훨씬 더 높은 비행기에 있게 한다.

The Final Speech of the Great Dictator, 1940

Even now my _____ is reaching millions throughout the world, millions of despairing men, women, and little children, victims of a _____ that makes men torture and imprison _____ people.

To those who can hear me, I say "Do not despair." The misery that is now upon us is but the passing of greed, the bitterness of men who _____ the way of human progress. The hate of men will pass, and dictators die, and the power they took from the people will _____ to the people. And so long as men die, _____ will never perish.

Soldiers! Don't give yourselves to brutes, men who despise you and _____ you; who regiment your lives, 문법tell you what to do, what to think and what to feel! Who drill you, diet you, treat you like _____, use you as cannon fodder!

What do you want a meaning for? Life is a desire, not a meaning.

심지어 지금/ 나의 목소리voice는 닿고 있는 중이다/ 수백만 명들에게/
전 세계 도처에 있는, 수백만 명의 절망하고 있는 남자들,
여자들, 그리고 어린아이들, 희생자들에게/ 한 제도system의/
그 제도는 만든다/ 사람들이 고문하게 그리고 감옥에 넣도록/ 무죄인
innocent 사람들을.

저 사람들에게/ 들을 수 있는/ 나를, 나는 말한다/ "절망하지 마라"를.
그 불행은 (그 불행은 지금 우리에게 닥쳐있다) 단지 그 경과(지나감)이다/
탐욕의, 그 쓰라림(이다)/ 사람들의/ 그 사람들은 두려워한다fear
그 인류 진보의 길을. 사람들의 증오는 지나갈 것이다,
그리고 독재자들은 죽는다, 그리고 그 권력은 (그들이 가져갔던/
그 사람들로부터) 돌아올return 것이다/ 그 사람들에게. 그리고 (~하는 한)
사람들이 죽는 한, 자유liberty는 멸망하지 않을 것이다.

군인들이여! 주지 마라/ 너희 자신들을/ 짐승 같은 사람들에게, 사람들은 그 사
람들은 멸시한다/ 너희를/ 그리고 노예로 만든다enslave/ 너희를; 그 사람들
은 통제한다/ 너희들의 삶들을, 그 사람들은 말한다/ 너희에게 무엇을 해야 할
지를, 무엇을 생각해야 할지를/ 그리고 무엇을 느껴야 할지를! 그 사람들은 훈
련시킨다/ 너희를, 사료를 준다/ 너희에게, 다룬다/ 너희를/ 소떼cattle처럼,
사용한다/ 너희를/ 총알받이로서! (fodder ~에만 쓸모가 있는 것)

의문사+to+동사

의문사 사이에 주어+should가 생략된 것처럼 해석된다. what to do =
what you should do(네가 무엇을 해야 하는지), what to think = what
you should think(네가 무엇을 생각해야 하는지), what to feel = what
you should feel(네가 무엇을 느껴야 하는지)

왜 의미를 찾는가? 인생은 욕망이지, 의미가 아니다.

The Final Speech of the Great Dictator, 1940

사랑하라! 자유를 위해 싸워라!

Don't give yourselves to these unnatural men
— machine men with machine _____ and
machine hearts! You are not machines! You are not
cattle! You are men! You have a love of _____
in your hearts! You don't hate! Only 문법the unloved
hate; the unloved and the _____.
Soldiers! Don't fight for slavery! Fight for liberty!

행복은 우리 안에 있다

In the seventeenth chapter of St. Luke, it's
_____ "the kingdom of God is within man,"
not one man nor a _____ of men, but in all
men! In you! You, the people, have the power, the
power to create machines, the power to create
_____! You, the people, have the power
to make this life _____ and beautiful, to make
this life a wonderful adventure.

힌켈으

연설 중이
헛기침을
모습

영화 위대한

To truly laugh, you must be able to take your pain, and play with it.

주지 마라/ 너희 자신들을/ 이 비정상적인 사람들에게

─ 기계 인간들/ 기계 정신들minds을 가진/ 그리고

기계 심장(마음)들을 가진! 너희는 기계들이 아니다! 너희는

소가 아니다! 너희는 인간이다! 너희는 가지고 있다/ 인간humanity에의 사랑

을/ 너희의 가슴(마음)들 안에! 너희는 증오하지 않는다! 오직 사랑받지 못한 사

람들이 증오한다; 사랑받지 못한 사람들과 비정상인unnatural 사람들(이).

군인들이여! 싸우지 마라/ 노예제도를 위하여! 싸워라/ 자유를 위하여!

그 17장에서/ 누가복음의, 그것은

쓰여있다written "그 하나님의 왕국이 인간 안에 있다,"

한 인간이 아니고/ 또는 (아니다) 인간들의 한 집단group도 아니고, 그러나

모든 인간들 안에 (있다)! 너희들 안에! 너희, 그 사람들은, 가지고 있다/ 그 힘

을, 그 힘을/ 창조할 수 있는 기계들을, 그 힘을/ 창조할 수 있는

행복happiness을! 너희, 그 사람들은, 가지고 있다/ 그 힘을/

만들 수 있는 이 삶을 자유롭free고 아름답게, 그 힘을 가지고 있다 만들 수 있는

이 삶을 한 훌륭한 모험으로.

---

the+형용사

the+형용사는 '형용사한 사람들'을 일컫는다. the unloved = 사랑받
지 못하는 사람들, the rich = 부자인 사람들, the poor = 가난한 사람들,
the blessed = 축복받은 사람들, the blind = 눈먼 사람들

진정으로 웃기려면, 당신의 고통으로 장난칠 수 있어야 한다.

The Final Speech of the Great Dictator, 1940

Then in the _____ of democracy,

_____ us use that power.

Let us all unite. Let us fight for a _____ world,

a decent world that will give men a chance to

work, that will give _____ a future and old age

a security. By the promise of these things, brutes

have risen to power. But they lie! They do not fulfill

their _____. They never will! Dictators free

themselves but they enslave the people!

Now let us fight to fulfill that promise!

Let us fight to free the world! To do away with

national barriers! To do away with greed, with

_____ and intolerance!

Let us fight for a world of _____, a world

where science and progress will lead to all men's

happiness.

Soldiers, in the name of democracy,

let us all unite!

Nothing is permanent in this wicked world — not even our troubles.

그러면/ 그 이름name으로/ 민주주의의,

우리가 사용하자let/ 저 힘을.

우리 모두가 단결하자. 우리가 싸우자/ 한 새로운new 세상을 위하여,

한 제대로 된 세상을 위하여 (그 세상은 줄 것이다/ 사람들에게/ 한 기회를/

일할, 그 세상은 줄 것이다/ 젊은이youth들에게/ 한 미래를 그리고 (줄 것이다)

노인들에게/ 한 안전보장을. 그 약속에 의하여/ 이러한 것들의, 짐승 같은 사람

들은 떠올라왔다/ 권력에. 그러나 그들은 거짓말한다! 그들은 이행하지 않는

다/ 그들의 약속promise을. 그들은 절대 안 할 것이다! 독재자들은 자유롭게

한다/ 그들 자신들을/ 그러나 그들은 노예로 만든다/ 그 사람들을(국민들을)!

이제 우리가 싸우자/ 이행하기 위하여/ 저 약속을!

우리가 싸우자/ 자유롭게 하기 위하여 그 세상을! 제거하기 위하여/

국가의 장벽들을! 제거하기 위하여/ 탐욕을,

증오hate와 편협함을 가진!

우리가 싸우자/ 세상을 위하여/ 이성reason의, 세상(을 위하여)/

그 세상에서 과학과 진보가 이끌 것이다/ 모든 인간의

행복으로.

군인들이여, 그 이름으로/ 민주주의의,

우리 모두가 단결하자unite!

이 악한 세상에서는 어떤 것도 영원하지 않다. ─ 심지어 우리의 문제들조차도.

John Fitzgerald Kennedy

Inaugural Address, 1961. 01. 20.

TOP 3

대통령 취임 연설

Ask not what your country can do for you.
Ask what you can do for your country.

국가가 당신을 위해 무엇을 할 수 있는지 묻지 말고,

당신이 국가를 위해 무엇을 할 수 있는지를 물어라.

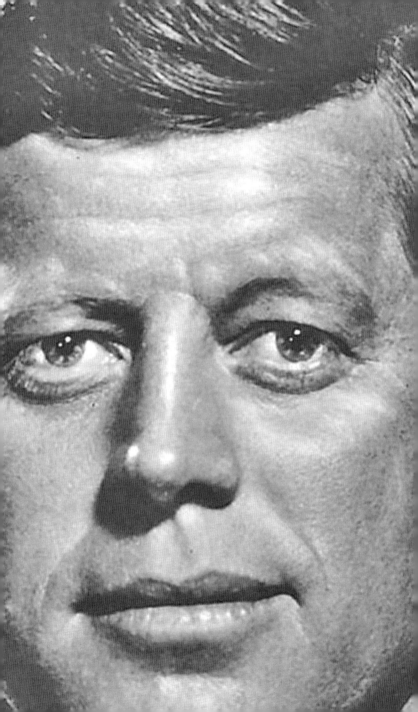

존 F. 케네디

미국 35대 대통령, 183cm, 78kg, 4남 5녀 중 둘째
1917. 5. 20. ~ 1963. 11. 22.

**인생을 바꿀
책 한 권 써봐!**

삶의 막다른 골목이라고 느낄 때 글을 쓰고 책을 출간했다. 글쓰기를 통해 내 언어로 풀어내면 막연한 생각을 나만의 언어로 정립할 수 있다. 그리고 수많은 사람들과 내 생각을 공유할 수 있다. 결과적으로 책을 쓰는 작업은 매번 내 인생에 획기적인 전환점이 되었다.

나는 탁월했던 형의 그늘에 가려있었다. 자주 아팠고 학점도 좋지 못했다. 자존감은 낮았지만 자존심은 셌다. 잘하고 싶었지만 늘 벽에 부딪혔다. 1939년 하버드대 재학시절, 유럽여행을 했다. 그곳에서 만난 사람들과 본 것에 대해 정리했다. 그리고 그해 9월에 제2차 세계대전이 일어났다. 아름다운 그곳이 전쟁터가 됐음에 안타까웠다. 그래서 영국이 전쟁에 대비하지 못한 이유에 대한 논문을 썼다. 1940년에 그 논문은 <Why England Slept (왜 영국은 잠을 잤는가)>로 출판됐고 정치에 입문하게 했다.

정치를 하겠다고 결심한 후, 상원의원이 되기까지 바쁘게 달려 왔다. 결국 대학교 때 다친 허리의 고통이 심해져서 수술을 받았다. 수술 후 정치인으로서의 삶에 대해 고민을 하게 되었고, 1957년에 다시 <Profiles in Courage (용기 있는 사람들)>이라는 책을 썼다. 여덟 명의 상원의원들에 대한 삶을 기술한 책인데, 당시 이들은 자신의 정치적 입지가 좁아질 것을 두려워하지 않는 정치인들이었다. 이 책은 퓰리처상을 받게 됐고, 덕분에 대선 진출을 꿈꾸게 됐다.

글을 쓰는 과정은 힘들다. 하지만, 다시 펜을 들게 되는 것은 글 쓰기 전과 글을 쓴 후의 나는 확연히 다르기 때문이다. 고민한 만큼 성장한 나를 느낀다. 책을 냈다는 건 무언가에 치열한 고민을 했다는 것이다. 강한 열정을 가지고 몰입했다는 것이다.

누구나 책을 쓸 수 있다. 결과에 연연해 하지 말고 일단 끝까지 써보자. 그 책을 쓰고 난 후의 당신 모습이 기대된다.

goo.gl/fs9qiq

대통령 취임 연설

난이 ★★★★
재미 ★★
감동 ★★★
교훈 ★★★★

2016년 10월 29일 토요일을 기점으로 주말마다 총 23차에 걸쳐 대규모 촛불집회가 열렸다. 대통령과 측근들의 국정 농단에 대한 국민의 분노가 넘쳤다. 한 편, 반대의 의견을 가진 태극기집회도 열렸다. 우리는 같은 하늘 아래 함께 살고 있지만, 너무나도 다른 생각을 하고 있었다. 객관적으로 바라보고 해결해보려 하지만, 그것이 말처럼 간단하지만은 않다. 무슨 일만 터지면 그 뒤엔 다 음모가 있을 거라고 생각하며 의심부터 한다. 그러나 위기의 순간을 함께 겪는 동안 얻은 것이 있다면, 너무나도 다른 우리를 있는 그대로 바라보며 끊임없이 대화하는 방법을 이제 막 배우기 시작했다는 것이다.

촛불집회는 끝이 아닌 시작이다. 촛불집회를 통해 정치와 우리의 삶이 얼마나 밀접하게 연결되어 있는지 깨달았다. 우리의 무지함과 무관심으로 2014년 4월 16일에 304명의 아이들을 바다에 묻었다. 삶과 정치가 요원하다고 생각했지만, 삶이 곧 정치이다. 개개인의 의식 혁명을 이뤄야 할 때이다. 그럴 때만이 더 정의로운 국가에 가까이 가는 소중한 한 발을 딛게 된다. 서로를 헐뜯고 반대를 위한 반대를 하는 것이 아니라, 불필요한 싸움으로 인해 낭비될 힘을 아껴서 함께 해결해야 할 수많은 문제에 머리를 맞대야 한다.

1960년 대통령으로 당선된 존 F. 케네디가 그의 취임연설에서 요구한다. "국가가 당신을 위해 무엇을 할 수 있을지 묻지 말고, 여러분이 국가를 위해 무엇을 할 수 있을지 물어라." 이 말은 시대를 뛰어넘어 지금의 우리에게도 강한 울림을 준다.

clergy	성직자	heir	계승자
observe	목격한다	foe	적
symbolizing	상징하는 중인	tempered	단련된
signifying	나타내는 중인	disciplined	훈련된
solemn	엄숙한	heritage	유산
prescribed	규정한	unwilling	꺼리는
mortal	죽을 운명의	permit	용납하다, 허락하다
abolish	파괴하다	right	권리
poverty	가난	committed	헌신했다, 헌신한
revolutionary	혁명적인	ill	안좋은
forebear	선조	burden	짐
generosity	관대함	oppose	적대하다
dare	감히 ~하다	liberty	자유

committed	❶	ⓐ	적
mortal	❷	ⓑ	목격한다
oppose	❸	ⓒ	가난
observe	❹	ⓓ	혁명적인
revolutionary	❺	ⓔ	유산
foe	❻	ⓕ	죽을 운명의
right	❼	ⓖ	적대하다
poverty	❽	ⓗ	권리
disciplined	❾	ⓘ	훈련된
heritage	❿	ⓙ	헌신했다, 헌신한

We need men who can dream of things that never were.

~the area in which UN's order runs.
(=in the area)

~그 지역/ 그 지역 안에서/ 그것의 명령이 흐른다.

전치사+관계대명사는 선행사(예문의 the area)가 있으면, 전치사+관계대명사(in which)를 한 덩어리로 보고, 영어 문장의 맨뒤에 연결해서 해석한다. 선행사가 없으면 그 자리에서 해석한다.

1.~the beliefs for which our forebears fought.

그 믿음들/_____/우리의 선조들은 싸웠다.

2.~human rights to which this nation committed.

인권들/ _____ / 이 국가는 헌신했다.

3.People are doubtful of what we can achieve.

사람들은 의심한다 _____ 우리가 할 수 있는지를.
(버락 오바마 2)

4.I am grateful for what you've sacrificed.

나는 당신이 희생한 _____ 감사하다. (버락 오바마 5)

5.Look at what already has happened.

봐라/ 이미 일어난 _____ (스티븐 스필버그 8)

관련단원 4시간에 끝내는 영화영작: 응용패턴 15단원(p.78)

Words 1/5: 1j 2f 3g 4b 5d / 6a 7h 8c 9i 10e

Grammar Pattern: 1.그 믿음들을 위해 2.그 인권들에
3.무엇에 대해 4.무엇을 위해 5.무엇을 향해

우리는 전에 없었던 것들에 대해 꿈꿀 수 있는 사람들이 필요하다.

Vice President Johnson, Mr. Speaker, Mr. Chief Justice, President Eisenhower, Vice President Nixon, President Truman, Reverend Clergy, fellow citizens:

We observe _____ 문법not a victory of party but a celebration of freedom — symbolizing an end as well as a beginning — signifying renewal as well as _____. For I have sworn before you and Almighty God the same solemn oath our forbears prescribed nearly a century and three-_____ ago.

The world is very _____ now. For man holds in his mortal hands the power to abolish all forms of human poverty and all forms of human life. And yet the same revolutionary beliefs for which our forebears fought are still at issue around the globe — the belief that the rights of man come not from the generosity of the state but from the _____ of God.

The ancient Greek definition of happiness was the full use of your powers along lines of excellence.

존슨 부통령, 의장, 대

법원장, 아이젠하워 대통령,

닉슨 부통령, 트루먼 대통령, 거룩한 성직자, 친애하는

시민들:

우리는 목격한다/ 오늘today 정당의 승리가 아니라/ 그러나

자유의 축제를—상징하면서/ 하나의 끝을/

하나의 시작뿐만 아니라—나타내면서/ 다시 새로워짐을/

변화change뿐만 아니라. 왜냐하면 나는 맹세했기 때문에/ 너희와

전능하신 하나님 앞에서/ 그 똑같은 엄숙한 선서를 우리의 선조들이

규정한 거의 1세기(100년) 그리고 3개의 15년quarters(75년)

전에.

그 세상은 매우 다르다different 지금. 왜냐하면 사람이 쥐고 있다/

그의 죽을 운명의(인간의) 손들 안에 그 권력을/ 파괴하기 위하여 모든 형태

들을/ 인간의 가난과 모든 형태들을/ 인간의 삶의. 그리고

아직 그 똑같은 혁명적인 믿음들은 (그 믿음들을 위하여 우리의

선조들은 싸웠던) 여전히 쟁점에 있다/ 지구상의

—그 믿음/ 그 믿음은 인간의 그 권리들이 온다는/

국가의 관대함으로부터가 아니라/ 그 손hand으로부터 온다는/

하나님의.

---

not A but B

A가 아니라 B라는 뜻으로, B를 더 강조한다. A와 B는 주로 병렬
구조로 맞추는데 예문에서는 a victory(명사) of party(명사) / a
celebration(명사) of freedom(명사)로 맞췄다.

고대의 그리스인들은 탁월함을 따라 모든 힘을 쏟는 것이 행복이라고 정의했다.

Inaugural Address, 1961

We dare not forget today that we are the heirs of that first revolution. Let the word go forth from this time and place, to friend and foe alike, that the torch has been _____ to a new generation of 문법Americans — born in this century, tempered by war, disciplined by a _____ and bitter peace, proud of our ancient heritage 문법— and unwilling to witness or permit the slow undoing of those human rights to which this nation has always been committed, and to which we are committed today at home and around the world.

Let every nation know, whether it _____ us well or ill, that we shall pay any price, bear any burden, meet any hardship, support any friend, oppose any foe to assure the survival and the success of liberty.

J. F. 케네디 취임 연

CBS News

Man can be as big as he wants. No problem of human destiny is beyond human beings.

우리는 감히 잊지 않는다 오늘/ 한 문장을/ 우리가 그 계승자들이다/

저 최초의 혁명의. 그 말이 앞으로 나아가게(퍼져가게) 해라/

이 시간과 장소로부터, 친구와 적에게 똑같이, 한 문장했다고/

그 햇불은 넘겨졌다고 passed/ 새로운 세대에게/

미국인들의―이 세기에 태어난, 전쟁에 의하여 단련된,

힘들고 hard 쓰라린 평화에 의하여 훈련된, 자랑스러워하는/

우리의 조상의 유산을―그리고 (새로운 세대가) 꺼리는/

목격하는 것을/ 또는 용납하는 것을/ 서서히 망치는 것을/ 저

인간의 권리들을/ 그 인간의 권리들에 이 나라가 항상

헌신해 왔다, 그리고/ 그 인간의 권리들에 우리는 헌신한다 오늘날/

집(본국인 미국)에서 그리고 세계 주변에서.

모든 국가가 알게 하라, 그것이 바라든지 wishes/ 우리가

잘 (되길) 또는 안 좋게 (되길), (알게하라) 한 문장을/ 우리가 치를 것이다/ 어떤

대가든지, 견딜 것이다/ 어떤 짐이든지, 맞설 것이다/ 어떤 어려움이라도, 지지

할 것이다/ 어떤 친구라도, 적대할 것이다/ 어떤 적이라도/ 보장하기 위하여 생

존과 자유의 성공을.

대시(―)의 사용

American을 꾸며주기 위해 대시로 born과 unwilling을 연결했다. 풀
어 쓰면 Americans (who are) born, Americans (who are) unwilling~

사람은 자신이 원하는 만큼 크게 될 수 있다. 어떤 운명의 굴레도 인간의 능력을 넘어서는 것은 없다.

pledge	서약한다	tyranny	독재
ally	동맹국	supporting	지지하는 중인
origin	기원(유래)	freedom	자유
faithful	신의있는	sought	추구했다
host of	다수의	ended up	결국 끝나게 되었다
cooperative	협동적인	hut	오두막
divided	나눠진	struggling	분투하는 중인
at odds	불화한 채	period	기간
asunder	산산이	communist	공산주의자
state	국가	vote	투표
rank	순위	society	사회
colonial	식민지의	save	구하다
merely	단지		

faithful ❶	ⓐ 나눠진
divided ❷	ⓑ 기간
pledge ❸	ⓒ 동맹국
tyranny ❹	ⓓ 신의있는
ally ❺	ⓔ 서약한다
struggling ❻	ⓕ 독재
merely ❼	ⓖ 기원(유래)
period ❽	ⓗ 단지
origin ❾	ⓘ 분투하는 중인
communist ❿	ⓙ 공산주의자

If a free society cannot help the many who are poor, it cannot save the few who are rich.

republic	공화국	hemisphere	반구
border	국경	master	주인
convert	전환하다	sovereign	주권
deed	행동	age	시대
alliance	동맹	instrument	도구
progress	진보	outpace	앞지르다
assist	돕다	renew	갱신하다
cast off	끊어버리다	prevent	예방하다
poverty	빈곤	invective	악담
prey	먹이	shield	방패
hostile	적대적인	enlarge	확대하다
aggression	침략	writ	명령
subversion	파괴		

republic ❶		ⓐ 전환하다
master ❷		ⓑ 확대하다
assist ❸		ⓒ 공화국
deed ❹		ⓓ 앞지르다
border ❺		ⓔ 국경
outpace ❻		ⓕ 주인
prevent ❼		ⓖ 예방하다
convert ❽		ⓗ 돕다
enlarge ❾		ⓘ 행동

Words 2/5: 1d 2a 3e 4f 5c / 6i 7h 8b 9g 10j
Words 3/5: 1c 2f 3h 4i 5e / 6d 7g 8a 9b

자유로운 사회가 가난한 많은 사람을 구할 수 없다면, 적은 수의 부자들도 구할 수 없다.

This much we pledge — and more.

To those old allies whose _____ and spiritual origins we share, we pledge the loyalty of faithful friends. 문법United there is little we cannot do in a host of cooperative ventures. Divided there is little we can do — for we dare not meet a powerful challenge at odds and split asunder.

To those new states whom we welcome to the ranks of the free, we pledge our word that one form of colonial control shall not have _____ away merely to be replaced by a far more iron tyranny. We shall not always expect to find them supporting our view. But we shall always hope to find them _____ supporting their own freedom — and to remember that, in the past, those who foolishly sought power by riding the back of the tiger ended up inside.

이렇게 많이 우리는 서약한다—그리고 더 서약한다.

저 오래된 동맹국들에게 (그들의 문화적cultural 그리고 정신적인

기원(유래)들을/ 우리가 공유하는), 우리는 서약한다/ 그 충실함을/ 신의 있는

친구(우방국)들의. 연합된 채/ 거의 없다/ 우리가 할 수 없는 것은/

다수의 협동적인 모험들에서. 나뉜 채/ 거의 없다/ 우리가

할 수 있는 것은—왜냐하면 우리가 감히 맞서지 못하기 때문이다/ 한 강력한

도전에/ 불화한 채 그리고 쪼개져 산산이.

저 새로운 국가들에게/ 그 국가들을 우리는 환영한다/ 그

대열들로 들어온 걸/ 자유(국가들)의, 우리는 서약한다/ 우리의 말을/ 그 말은/

하나의 형태가 (식민지의 통치의) 사라진 것이passed 아니라는 (말)/

단지 대체됨으로써/ 훨씬 더 철의

독재에 의하여. 우리는 항상 기대하지는 않는다/ 찾는 것을 그들이

지지하는 우리의 관점을. 그러나 우리는 항상 희망할 것이다/

찾는 것을 그들을 강력하게strongly 지지하고 있는 그들 자신의

자유를—그리고 기억하기를 희망한다/ 한 문장을, 과거에, 저들은

(그들은 어리석게 추구했다/ 힘을/ 탐으로써

호랑이의 등에) 결국 끝나게 되었다/ 호랑이의 안쪽에서.

분사구문

문장이 주어로 시작하지 않고 현재분사(동사+ing)나 과거분사(동사 +ed)로 시작한 뒤에 문장이 시작되면 분사 앞에 as(=약한 becasue, when, if)가 생략된 것으로 본다. 쉽게 생각하면 대부분 '~하면서'로 해석하면 들어 맞는다. 예문으로 보면, United=연합되면서, Dvided=나뉘면서.

시간을 도구로써만 사용해야 하고, 시간에 의지해서는 안 된다.

Inaugural Address, 1961

To those people in the huts and villages of
_____ the globe struggling to break the bonds
of mass misery, we pledge our best _____ to
help them help themselves, for whatever period is
required — 문법not because the communists may be
doing it, not because we seek their votes,
but because it is_____. If a free society
cannot help the many who are poor, it cannot save
the few who are rich.

경례ㅎ
케네디
아들

암살당한
J. F. 케네
장례 행렬

부인 재혼
케네디 (

딸 캐럴려
케네디 (

아들 J. F.
주니어 (

동생 에드
케네디 (

동생 로바
케네디 (

AP

Only those who dare to fail greatly can ever achieve greatly.

저 사람들에게 (오두막들과 마을들에 있는/

지구의 절반half의) 분투하고 있는/ 깨기 위하여 그 구속(굴레)들을/

집단 빈곤의, 우리는 서약한다/ 우리의 최고의 노력들을efforts/

돕기 위하여 그들이 돕도록 그들자신들을, 무슨(얼마나) 기간이

필요되어지든지 간에— 공산주의자들이 그것을

하고 있을것 같아서가 아니라, 우리가 추구하기 때문이 아니라/ 그들의 투표

들을, 그러나 그것이 옳기right 때문에다. 하나의 자유로운 사회가

도울 수 없다면/ 그 많은 사람들을/ 그들은 가난하다, 그것(그 사회)은 구할 수

없다/ 적은 사람들을/ 그들은 부자인.

---

not A, not B, but C

not A, but B라고 꼭 not A를 하나만 써야 하는 것은 아니다. 구문에서
는 not A를 2개 쓰고 but B를 썼다.
예문을 보면, 공산주의자들이 그것을 하고 있어서도 아니고(not A), 우
리가 그들의 표를 구하기 때문도 아니고(not B), 그것이 옳기 때문이다
(but C).
A, B, C 각각은 because로 시작되는 병렬구조이다.

오직 과감하게 실패할 수 있는 사람만이 크게 이룰 수 있다.

Inaugural Address, 1961

To our sister republics south of our border, we offer
a special pledge — to convert our good words into
good deeds — in a new alliance for progress — to
assist free men and free governments in casting off
the chains of poverty. But this peaceful revolution
of hope cannot become the prey of hostile powers.
Let all our _____ know that we shall join
with them to oppose aggression or subversion
anywhere in the Americas. And let every other
power _____ that this Hemisphere intends to
remain the master of its own house.

To that world assembly of sovereign states, the
United Nations, our last best _____ in an age
where the instruments of war have far outpaced
the instruments of peace,
we renew our pledge of support — to prevent it
_____ becoming merely a forum for invective
— to strengthen its shield of the new and the weak
— and to enlarge the area in which its writ may run.

The time to repair the roof is when the sun is shining.

우리의our 자매 공화국들에게 남쪽에 있는/ 우리의 국경의, 우리는 제안한다/

한 특별한 서약을 ─ 전환할 것이라고/ 우리의 좋은 말들을/

좋은 행동들로 ─ 하나의 새로운 동맹 안에서/ 진보를 위하여 ─

도울 것이라고/ 자유로운 사람들과 자유로운 정부들을/ 끊어버리는 것에 있

어서 빈곤의 사슬들을. 그러나 이 평화로운 혁명은

(희망의) 그 먹이가 될 수 없다/ 적대적인 힘들의.

모든 우리의 이웃들neighbors이 알게 하자/ 한 문장을/ 우리는 함께할 것이

라고/ 그들과/ 반대하기 위해 침략을 또는 파괴를

어디서든지/ 아메리카들(남미와 북미) 안에서. 그리고 모든 다른 힘이

알게know 하자/ 한 문장을/ 이 반구가 의도한다고/ 남아있을 것을

그 주인으로/ 그것의 자신의 집의.

저 세계 모임에게/ 주권 국가들의, 그 모임은

유엔이라는, 우리의 마지막 희망hope인/ 한 시대에 /

그 시대에서 그 전쟁의 도구들은 훨씬 앞질렀다/

평화의 도구들을,

우리는 갱신한다/ 우리의 지지의 서약을 ─ 예방하기 위하여 그것을/

단지 한 토론회가 되는 것으로부터from/ 악담을 위한

─강화하기 위해 그것의 방패를/ 새로운자들(신생국들)과 약한자들(약소국들)의

─그리고 확대하기 위하여 그 지역을/ 그 지역 안에서 그것(UN)의 명령이 흐를

수 있다(영향을 미칠 수 있다).

태양이 떠 있을 때가 지붕을 수리해야 할 때이다.

adversary	적	civility	정중함
request	요구(하다)	sincerity	진심
quest	탐색(하다)	out of	~의 밖에, ~으로부터
unleashed	고삐 풀린	unite	단결하게 하다
engulf	집어삼키다	belaboring	장황하게 논하는 중인
dare	감히 ~하다	formulate	만들어내다
arm	무기, 팔	precise	정확한
employed	사용된	inspection	감시
comfort	안심	absolute	절대적인
overburdened	과도하게 짐 지워진	invoke	언급하다
rightly	당연히	conquer	정복하다
atom	원자(핵무기)	eradicate	전멸하다
alter	바꾸다	tap	두드리다

formulate ❶		ⓐ 단결하게 하다
arm ❷		ⓑ 진심
sincerity ❸		ⓒ 원자(핵무기)
request ❹		ⓓ 절대적인
unite ❺		ⓔ ~의 밖에, ~으로부터
atom ❻		ⓕ 바꾸다
precise ❼		ⓖ 무기
alter ❽		ⓗ 정확한
out of ❾		ⓘ 만들어내다
absolute ❿		ⓙ 요구(하다)

Efforts and courage are not enough without purpose and direction.

commerce	교역	embattled	전투준비가 된
heed	유념하다	twilight	불분명한
command	명령(하다)	tribulation	시련
oppressed	압박받는	tyranny	독재
beachhead	교두보(발판)	forge	구축하다
suspicion	의심	granted	주어진, 인정된
endeavor	노력	shrink	움츠러들다
preserved	보존된	exchange	교환하다
fellow	친애하는	endeavor	노력
founded	설립된	standard	수준
summoned	소환된	conscience	양심
testimony	증언	judge	심판
bear	품다, 낳다	deed	행동

preserved ❶		ⓐ 품다, 낳다
founded ❷		ⓑ 보존된
oppressed ❸		ⓒ 압박받는
commerce ❹		ⓓ 교환하다
bear ❺		ⓔ 친애하는, 친구
fellow ❻		ⓕ 교역
conscience ❼		ⓖ 설립된
granted ❽		ⓗ 양심
exchange ❾		ⓘ 주어진, 인정된

Words 4/5: 1i 2g 3b 4j 5a / 6c 7h 8f 9e 10d
Words 5/5: 1b 2g 3c 4f 5a / 6e 7h 8i 9d

목적과 방향이 없는 노력과 용기는 충분하지 않다.

Inaugural Address, 1961

Finally, to those nations who would make

_____ our adversary, we offer not a pledge

but a request: that both sides begin anew the quest

for peace, before the dark powers of _____

unleashed by science engulf all humanity in

planned or _____ self-destruction.

We dare not tempt them with weakness. For only

when our arms are sufficient beyond doubt can we

be certain beyond doubt that they will never be

employed.

But neither can two great and powerful groups of

nations take comfort from our present course —

both sides overburdened by the cost of _____

weapons, both rightly alarmed by the steady spread

of the deadly atom, yet both racing to alter that

uncertain balance of terror that stays the hand of

mankind's final war.

Too often we enjoy the comfort of opinion without the discomfort of thought.

마지막으로, 저 국가들에게/ 그 국가들은 만들것이다/

그들 자신들을themselves 우리의 적으로, 우리는 제안한다/ 한 선언이 아니라

그러나한 요구를: 제안한다 한 문장을/ 양쪽 진영들이 시작해야 한다고 새롭게/

탐색을/ 평화를 위한, 파괴destruction의 어두운 힘들이

(고삐 풀린/ 과학에 의해) 집어삼키기 전에/ 모든 인류를/

계획적으로 또는 우연적인accidental 자기-파괴로.

우리는 감히 부추기지 않는다/ 그들(어두운 힘들)을/ 나약함을 가지고. 왜냐하
면 오직 어떤 때에 우리의 무기가 충분할 때에/ 의심을 넘어서(의심의 여지 없
이), 우리는 확신할 수 있기 때문이다/ 의심을 넘어서(의심의 여지 없이)/ 한
문장을/ 그것들(무기들)이 절대 사용되지 않으리라는 것을.

그러나 어느 쪽도 할 수 없다/ 두 개의 대단하고 강력한 국가들의 집단들이/
얻을 수 없다/ 안심을/ 우리의 현재의 가는 길로부터 —
양쪽의 진영들 과도하게 짐 지워진(짐 지워졌기 때문에)/ 현대modern 무기
들의 비용에 의하여, 둘 다 당연히 두려워하는/ 그 꾸준한(지속적인) 확산에 의
하여/ 치명적인 원자(핵무기)의, 그러나 둘 다 경주하고 있는/ 바꾸기 위하여 저
불확실한 공포의 균형을/ 그 공포의 균형은 머물게 한다(저지시킨다) 그 손을/
인류의 최후의 전쟁의.

So let us begin anew — remembering on both sides
that civility is not a sign of _____, and
sincerity is always subject to proof. Let us never
negotiate out of fear. But let us never fear to
negotiate.

Let both sides explore what problems unite us
instead of belaboring those problems which divide
us.

Let both sides, for the _____ time, formulate
serious and precise proposals for the inspection
and control of arms — and bring the absolute
power to _____ other nations under the
absolute control of all nations.

Let both sides seek to invoke the wonders of
science instead of its terrors. Together let us
explore the _____, conquer the deserts,
eradicate _____, tap the ocean depths and
encourage the arts and commerce.

We all breathe the same air. We all cherish our children's future. And we are all mortal.

따라서 우리가 시작하자/ 새롭게 — 기억하는 것을 (두 진영에 대하여)/

한 문장을/ 정중함은 약함weakness의 표시가 아니다, 그리고

진심은 항상 입증된다. 우리가 절대

타협하지 말자/ 두려움으로부터. 그러나 우리가 절대로 두려워하지 말자/

협상하는 것을.

양쪽 진영들이 탐구하자/ 무슨 문제들이 단결하게 하는지를/ 우리가

장황하게 논하는 대신에/ 저 문제들을/ 그 문제들은 나눈다/

우리를.

양쪽 진영들이, 처음으로first, (세심히) 만들어내자/

진지하고 정확한 제안서들을/ 무기의 감시

와 통제를 위하여—그리고 가져오자/ 그 절대적인

힘을/ 파괴하기destroy 위하여 다른 국가들을/ 그

절대적인 통제 아래에서/ 모든 국가들의.

양쪽 진영들이 찾자/ 언급하는 것을 과학의 그 경이로움들을/

그것의 공포들 대신에. 함께 우리가

탐험하자/ 그 별들stars을, 정복하자/ 그 사막들을,

전멸하자/ 질병disease을, 두드리자/ 그 해양의 깊은 곳들을 그리고

장려하자/ 그 예술과 교역을.

우리는 모두 같은 공기를 마시고, 아이들의 미래를 소중히 여긴다. 그리고 우리는 모두 죽는다.

Let both sides unite to heed in all corners of the earth the command of Isaiah — "to undo the heavy burdens, and let the oppressed go free."

And if a beachhead of cooperation may push back the jungle of suspicion, let both sides join in creating a new endeavor, not a new balance of power, but a new world of _____, where the strong are just and the weak secure and the peace preserved.

All this will not be finished in the first one _____ days. Nor will it be finished in the first one _____ days, nor in the life of this Administration, nor even perhaps in our lifetime on this planet. But let us begin.

In your hands, my fellow citizens, more than mine, will rest the final success or failure of our course. Since this _____ was founded, each generation of Americans has been summoned to give testimony to its national loyalty. The graves of young Americans who _____ the call to service surround the globe.

Inaugural Address, 1961

Geography has made us neighbors. History has made us friends.

양쪽 진영들이 단결하자/ 유념하기 위하여 (모든 도처에서/

지구의) 이사야(성경의 선지자)의 명령을 — "내려놓도록/ 무거운

짐들을, 그리고 압박받는 자들이 자유롭게 하라"

그리고 협력의 교두보(다음 단계로 나갈 발판)가 밀어낼 것 같다면/

의심의 정글을, 양쪽 진영이 함께하게 하자/

창조하는 것에 있어서 하나의 새로운 노력을, 하나의 새로운 균형이 아니라/

힘의, 그러나 법law의 하나의 새로운 세계(를 창조하는 것에 있어서 함께하

자), 거기에서 강자들은 정의롭다 그리고 약자들은 안전하다/ 그리고 평화가

보존된다.

모든 이것이 끝나지 않을 것이다/ 첫

백hundred 일 만에. 또한 (아닐 것이다) 그것이 끝나지 않을 것이다/

첫 천thousand 일 만에, 또한 (아닐 것이다) 그 수명(임기) 안에/ 이

행정부의, 또한 (아닐 것이다) 심지어 아마도/ 우리의 일생 안에/

이 행성(지구)에서. 그러나 우리가 시작하자.

나의 (친애하는 시민들인) 너희의 손들 안에서,

나의 것(나의 손들) 이상으로, 머물 것이다/ 그 최후의 성공 또는 실패가/ 우리

의 길의. 이 나라country가 설립되었던 이래로, 각

세대는/ 미국인들의/ 소환됐다/

증언하도록(고백하도록)/ 그것의 국가에 대한 충성을. 그 무덤들은/

젊은 미국인들의 (그들은 대답했다answered/ 그 부름에/

군복무에 대해) 둘러싼다/ 그 지구를.

지리학은 우리를 이웃으로 만들었다. 역사는 우리를 친구로 만들었다.

Inaugural Address, 1961

Now the trumpet _____ us again —
not as a call to bear arms, though arms we need
— not as a call to battle, though embattled we are
— but a call to bear the burden of a long twilight
_____, year in and year out,
"rejoicing in hope, patient in tribulation" — a
struggle against the common _____ of man:
tyranny, poverty, disease and war itself.

Can we forge against these enemies a grand and
_____ alliance, North and South, East and
West, that can assure a more fruitful life for all
mankind? Will you join in that historic _____?

In the long history of the world, only a few
generations have been granted the role of
defending freedom in its hour of maximum danger.
I do not shrink from this _____ —
I welcome it. I do not believe that any of us would
exchange places with any other people or any other
generation. The energy, the faith, the devotion
which we bring to this endeavor will light our
country and all who serve it — and the glow from
that _____ can truly light the world.

Economics has made us partners, and necessity has made us allies.

지금 그 트럼펫이 소환한다summons/ 우리를 다시 —

부름으로써가 아니라/ 무기를 품으라는, 무기를 우리가 필요하지만

— 부름으로써가 아니라/ 전투하라는, 전투준비가 되어 있지만 우리가

— 그러나 부름이다/ 품으라는(견디라는) 그 짐을/ 오랜 불분명한

투쟁struggle의, 해마다,

"기뻐하면서/ 희망 안에서, 인내하면서/ 시련 안에서" — 한

투쟁이다/ 인간의 공통의 적들enemies에 대항하는:

(즉) 독재, 빈곤, 질병 그리고 전쟁 그 자체.

우리는 구축할 수 있을까?/ 이 적들에 대항하여/ 한 거대하고

지구적인global 동맹을, 북과 남, 동과

서의, 저것이(그 동맹이) 보증할 수 있다/ 더 풍요로운 삶을/ 모든

인류를 위하여? 너희는 함께할 것인가/ 저 역사적인 노력effort에?

그 오래된 역사에서/ 세계의, 오직 몇몇의

세대들만이 주어졌다/ 그 역할이/

자유를 방어하는(수호하는)/ 그것의(자유의) 최대의 위험의 시간에서.

나는 움츠러들지 않는다/ 이 책임responsibility으로부터 —

나는 환영한다/ 그것을. 나는 믿지 않는다/ 한 문장을/ 어떤 이도/ 우리들 중의

교환할 것이라고/ 장소들을/ 어떤 다른 사람들과/ 또는 어떤 다른

세대와. 그 에너지, 그 믿음, 그 헌신은

(그것들을 우리는 가져온다/ 이 노력에) 밝힐 것이다/ 우리의

나라를/ 그리고 모두를/ 모두는 그것(나라)에 봉사한다 — 그리고 그 빛은

(저 불fire로부터의) 진정으로 밝힐 수 있다/ 그 세계를.

경제는 우리를 동업자로 만들었다, 그리고 필요성은 우리를 동맹으로 만들었다.

Inaugural Address, 1961

And so, my fellow Americans: ask _____ what your country can do for you — ask what you can do for your country.

My fellow _____ of the world: ask not what America will do for you, but what together we can do for the _____ of man.

Finally, whether you are citizens of America or citizens of the world, ask of us _____ the same _____ standards of strength and sacrifice which we ask of you. With a good conscience our only sure reward, with history the final judge of our deeds, let us go _____ to lead the land we love, asking His blessing and His help, but knowing that here on earth God's work must _____ be our own.

J. F.
케네디
아내외

visitcartersv

Those whom God has so joined together, let no man put asunder.

그리고 그렇게, 나의 친애하는 미국인들이여: 물어라/ 무엇을
너의 조국이 할 수 있는지가 아니라<u>not</u>/ 너를 위하여 — (대신에) 물어라/ 무엇
을 네가 할 수 있는지를/ 너의 조국을 위하여.

나의 친애하는 시민들citizens이여/ 세계의: 물어라/ 무엇을
미국이 할 것인지가 아니라/ 너를 위하여, 그러나 물어라/ 무엇을 함께 우리가
할 수 있는지를/ 인간의 자유<u>freedom</u>를 위하여.

마지막으로, 너희가 미국의 시민이든 또는
세계의 시민이든, 요구하라/ 여기<u>here</u>있는 우리들에게 그
똑같은 높은<u>high</u> 수준들을/ 강도의 그리고 희생(의)/
그것들을 우리는 요구한다/ 너희에게 (그 강도와 희생을). 선한 양심을 가지고/
우리의 유일한 확실한 보상(인 양심), 역사와 더불어/ 그 최종적인 심판(인 역
사)/ 우리의 행동들의, 우리가 앞으로<u>forth</u> 나아가자/ 이끌기 위하여 그 땅을/
우리가 사랑하는, 요청하면서/ 그의(하나님의) 은총을/ 또 그의(하나님의) 도
움을, 그러나 알면서/ 한 문장을/ 여기 지상에서 하나님의 일은 진실로<u>truly</u>
우리의 자신의 것이어야 한다.

신께서 그렇게 그들이 함께하게 했다, 어떤 사람도 갈라지지 않게 하자.

Barack Obama

Election Victory Speech, 2008. 11. 4.

TOP 4

대통령 선거 승리 연설

Yes, we can.

그렇다, 우리는 할 수 있다.

버락 오바마

미국 44대 대통령, 185cm, 81kg, 1남 1녀 중 첫째
1961. 8. 4. ~

물 흐르는 대로

아프리카 케냐에서 하와이로 온 최초의 흑인 유학생이 미국 백인 여학생과 결혼하여 아이를 낳았다. 당시 그는 케냐에 이미 부인과 아들이 있었지만 이를 숨기고 결혼했고, 나중에 들켰을 때는 이혼했다고 거짓말했다. 하와이로 오기 위해 케냐에 첫 번째 부인과 아이를 두고 왔던 그가, 석사과정을 위해 두 살 난 아기와 두 번째 부인을 두고 하버드로 떠났다. 졸업 후에는 케냐의 지도자가 되겠다며 돌아갔고, 네 번째 부인까지 두었다.

백인 여성은 경제적인 어려움으로 부모님께 도움을 받아 아이를 키운다. 그러던 중 인도네시아 출신의 유학생과 사랑에 빠졌고, 여섯 살이 된 아이와 인도네시아로 따라갔다. 그곳에서 딸을 낳았지만, 남편과의 갈등으로 이혼하고 하와이로 돌아온다.

케냐로 돌아간 남자가 나의 아버지이고, 백인 여성은 어머니, 그리고 아기가 바로 나다. 외가에서 자라면서 내가 누구인지 고민했다. 외가 식구들은 모두 백인이었지만 나만 흑인이었다. 인도네시아에서는 모두 아시아인들이었고 나만 흑인이었다. 미운 오리 새끼가 된 듯 정작 내가 설 곳은 어디에도 없었다. 정체성에 대해 혼란을 겪고 방황하며 청소년기를 보냈다. 좋지 않은 환경이었지만, 어찌할 수 없는 외적 요인 때문에 슬퍼하지 않고 나에게 집중하기도 했다. 크든 작든 주어진 것에 감사했다.

어머니는 아버지가 얼마나 훌륭한 분인지에 대한 말씀만 하셨다. 열 살 때, 처음으로 아버지를 만나 한 달간 함께했다. 아버지에 대한 긍정적인 이미지는 나의 자존감에 영향을 미쳤으며, 어려움에도 버틸 수 있는 힘이 되었다. 한때는 원망했다. 하지만, 세상일이 뜻대로 다 이루어질 수는 없다. 물 흐르는 대로 흘려보내자고 생각했다. 과거를 있는 그대로 안아주자고, 그때가 있으니 지금이 있다고 생각했다. 오늘과 내일이 자유롭기 위해서 과거를 자유롭게 놓아주어야 한다.

꺽다리 키에 호리호리한 체형, 착한 눈의 그를 보면 혈투 가득한 정치판에서 버틸 수 있을까 걱정이 됐다. 그러나 그는 외유내강을 실천하며 재선에도 성공한다. 철옹성 같던 백악관에 인간미를 불어넣었다. 꼬마가 머리를 만지도록 긴 허리를 숙여주는 사진이나 청소 노동자와 주먹을 맞대며 인사하는 사진은 바라보는 것만으로도 힐링이 된다.

그의 이런 모습은 과하지 않고 담백하다. 그의 인격과 일치한다. 연설 또한 그렇게 공감을 자아낸다. 잊고 있던 우리 이웃을 돌아보게 하고 생각에 잠기게 한다. 이분법적으로 나누는 것이 아닌 그것을 초월하여 바라보게 한다. 인종, 당파 등을 떠나 본질로 돌아가서, 있는 그대로의 우리를 돌아보게 한다. 하나로 뭉치게 한다. 나의 상처를 어루만져주고 눈물을 닦아주는 것 같다. 그래서 그의 연설에 때로는 가슴과 눈가가 뜨거워진다. 우리 모두의 안에 본래부터 있던 선한 마음을 일깨우는 능력, 그것이 그가 대통령이 될 수 있었던 힘이다.

숱한 어려움을 거쳐 대통령이 된 그가 2008년 당선 연설에서 106세의 아프리카계 미국인 할머니의 일화를 소개하면서, 미국의 역사를 보여주고 한 표가 얼마나 소중한지 표현한다. 개개인의 한 표에 담긴 아픈 과거를 끌어안고, 지쳐있는 영혼을 일으켜 소망과 희망을 품도록 이 세기의 리더가 비전을 제시한다. 우리가 하나 되어 할 수 있다고 외친다. Yes, we can!

doubt	의심하다	doubtful	의심을 품는
wonder	궁금해 하다	bend	구부리다
founder	설립자	election	선거
democracy	민주주의	defining	결정적인
stretch	뻗다	extraordinarily	놀랍게도
very	아주, 바로	senator	상원의원
republican	공화당원	endured	견뎠다
hispanic	라틴계의	rendered	제공된
disabled	장애를 가진	governor	주지사
collection	집합체	look forward to	~하기를 고대하다
led	이끌었다	renew	새롭게 하다
cynical	냉소적인		

wonder ❶		❸ 장애를 가진
cynical ❷		❺ 선거
election ❸		❻ 냉소적인
doubt ❹		❹ 놀랍게도
defining ❺		❺ 구부리다
disabled ❻		❻ 상원의원
bend ❼		❼ ~하기를 고대하다
senator ❽		❽ 결정적인
look forward to ❾		❾ 궁금해 하다
extraordinarily ❿		❿ 의심하다

A change is brought about because ordinary people do extraordinary things.

~A woman who cast her vote.

<small>누가　　　한다　　　무엇을</small>

한　　　여성/　그 여성이 던졌다/ 그녀의 투표를.

관계 대명사(who, which, that)는 선행사(바로 앞의 명사, 예문의 a woman)
을 의미하며, 문장에서 주어(주로, 예문에서도)나 목적어 역할을 한다. 선행
사가 없으면 선행사를 포함한다.

1.~anyone who still doubts America.

　누군가/ _____ 여전히 미국을 의심한다.

2.~people who waited three hours.

　사람들/ _____ 세시간을 기다렸다.

3.~Americans who sent a message to the world.

　미국인들/ _____ 세계에 한 메시지를 보냈다.

4.~a man who campaigned from his heart.

　~한 남자/_____ 그의 진심으로부터 선거 운동을 했다.

5.~people who left their homes/

　사람들/ _____ 그들의 가정들을 떠났다.

6.~a man who this victory truly belongs to

　한 남자/ _____ 이 승리는 진심으로 속해있다.

관련단원 4시간에 끝내는 영화영작: 기본패턴 21단원(p.98), 22단원(p.102)
생활영어 회화천사: 전치사/접속사/조동사/의문문 30단원(p.98), 31단원(p.100)

Words 1/5: 1i　2c　3b　4j　5h　/　6a　7e　8f　9g　10d

Grammar Pattern: 1.그 누군가는　2.그 사람들은　3.미국인들은
　　　　　　　　4.그 남자는　5.그 사람들은　6.그 남자에게

변화는 평범한 사람들이 비범한 일을 하기 때문에 온다.

우리의 믿음

Election Victory Speech, 2008

Hello, Chicago.

문법 If there is anyone out there who still doubts that America is a place where all things are _____; who still wonders if the _____ of our founders is alive in our time; who still _____ the power of our democracy, tonight is your _____.

It's the answer told by lines that stretched around schools and churches in numbers this _____ has never seen; by people who _____ three hours and four hours, many for the first time in their _____, because they believed that this time must be different; that their voices could be that difference.

허리 숙
오바마

아이가 지
머리를 쓰
수 있도록
허리를 숙
오바마 대

Pete Souza
The White H
Getty Image

We are the change we have been waiting for.

안녕하십니까, 시카고 분들.

어떤이가 있다면 저 밖에/ 그 어떤 이는 여전히 의심하는/ 한 문장을/
미국이 장소라고/ 거기에서 모든 것들이 가능하다possible:
그 어떤이는 여전히 궁금해한다/ 우리의 (미국) 설립자들의 그 꿈dream이
살아있는지를/ 우리의 시대에; 그 어떤 이는 여전히 의문을 갖는다questions/
우리의 민주주의의 그 힘을, 그런 어떤이에게 오늘 밤이 너희들의 대답answer
이다.

그것은 그 답이다/ 말해진/ 투표하기 위해 늘어선 줄들에 의해/ 그 줄들은 뻗어있
었다/ 학교들과 교회들 주변에/ 수에 있어서/ 이 나라nation가
전혀 본 적이 없는; 사람들에 의하여/ 그 사람들은 기다렸다waited/ 세
시간을/ 그리고 네 시간을, 많은 (사람들은)/ 처음으로/
그들의 인생들lives에서, 그들은 믿었기 때문에/ 한 문장을/ 이
번에는 달라야 한다고; 그들의 목소리가
저런 차이(중대한 변화)가 될 수도 있다고.

관계대명사(who, which, that)와 명사절 that

관계대명사는 선행사가 있거나 선행사를 포함해야 한다. 예문의 관계
대명사 who는 선행사 anyone을 받고 있다.
Who still doubts that = Anyone still doubts that.

doubts 뒤의 that은 선행사가 없는데 이 that은 명사절로 쓰인 that으
로, doubts의 목적어로 쓰였다. 이후에는 문장 성분이 빠지지 않은 완
전한 문장이 나온다. America(주어) is(동사) a place(보어).
만약 관계대명사로 썼다면 He doubts America which is a place.로
썼을 것이다. which 다음에 주어 없이(주어가 which이므로) is(동사) a
place(보어)가 된다.

우리 자신이 우리가 기다려온 그 변화이다.

It's the answer _____ by young and old, rich and poor, Democrat and Republican, black, white, Hispanic, _____, Native American, gay, straight, disabled and not disabled — Americans who sent a _____ to the world that we have never been just a collection of individual or a collection of red states and blue states; we are, and always will be, the United States of America.

It's the answer that led those who have been told for so _____ by so many to be cynical, and fearful, and doubtful of what we can _____ to put their hands on the arc of history and bend it once more toward the hope of a better day.

It's been a long time coming, but _____, because of what we did on this day, in this election, at this defining moment, _____ has come to America.

If you're walking down the right path and you're willing to keep walking, eventually you'll make progress.

그것은 그 답이다 말해지는spoken/ 젊은이에 의해 그리고 노인,

부자 그리고 빈자, 민주당원 그리고 공화당원, 흑인,

백인, 라틴계 미국인, 아시아인Asian, 아메리칸 원주민(인디언), 동성애자,

이성애자, 장애 가진 사람, 장애 없는 사람들(에 의해)―미국인들은/

그들은 보냈다/ 한 메시지message를 그 세상에/ 그 메시지는 우리가

전혀 하나의 집합체인 적이 없다는 것이다/ 단지 개개인의/ 또는

집합체인(적이 없다) 빨간색의 주들(공화당 지지 주들)과 파란색의 주들(민주

당 지지 주들)의; (대신에) 우리는 미합중국이고 항상 미합중국일 것이다.

그것은 그 답이다/ 그 답은 이끌었다/ 저들을/ 그들은 말해져 왔다/

아주 오랫동안long 아주 많은(사람들)에 의해/ 냉소적이고, 그리고

두려워하고, 그리고 의심하는/ 무엇에 대해/ (그 무엇을) 우리가 성취할achieve

수 있다는/ 놓도록 그들의 손들을/ 역사의 그 원호(흐름) 위에/ 그리고 그것을 구

부리도록 한 번 더/ 그 희망 쪽으로/ 더 나은 날의.

그것은 오래 시간 걸렸다 오는데, 그러나 오늘밤tonight,

우리가 해낸 무엇 때문에/ 이날에, 이 선거에서,

이 결정적인 순간에, 변화change는 왔다/

미국에.

당신이 옳은 길을 걷고, 기꺼이 계속해서 걷고자 한다면, 결국 당신은 전진하게 될 것이다.

A little bit _____ this evening, I received an extraordinarily gracious call from Senator McCain. Senator McCain fought long and hard in this _____, and he's fought even longer and harder for the _____ that he loves. He has endured sacrifices for America that most of us cannot begin to _____, (and) we are better off for the service rendered by this brave and selfless _____.

I congratulate him and Governor Palin for all they have achieved, and 문법I look forward to working with them to renew this nation's promise in the _____ ahead.

승리 오
가족과
등장한
버락 오

미셸 오브

말리아 오
(가운데

나타샤 오
(가운데

Joe Raedle
Getty Image

We don't ask you to believe in our ability to bring change, rather, we ask you to believe in yours.

조금 더 이른earlier 이 저녁의 때에/ 나는 막 받았다/

한 매우 놀랍게도 정중한 전화를/ 매케인 상원의원으로부터.

매케인 상원의원은 싸웠다/ 오래 그리고 열심히/

이 선거campaign에서, 그리고 그는 싸워왔다/ 훨씬 더 오래/

그리고 더 열심히/ 그 나라country를 위하여/ 그가 사랑하는. 그는

견뎠다/ 희생들을/ 미국을 위하여/ 그 미국을 우리의 대부분은 시작할 수 없다/

상상하는imagine 것을, 그리고 우리는 더 낫다(잘 산다)/ 그 봉사 때문에

제공된/ 이 용감하고 이기심 없는

지도자leader에 의하여.

나는 축하한다/ 그와 페일린 주지사를/ 모든 것 때문에/ 그들이

성취해온, 그리고 나는 기대한다/ 일하는 것을/

그들과 함께/ 새롭게 하기 위하여 이 나라의 약속을/ 앞으로

몇 달months 안에.

---

look forward to+(동)명사

의미상 to+동사를 쓸 것 같은데, 실제로는 to 뒤에 동사가 아니라 (동)
명사를 써야하는 구조가 있다. 이 경우 to는 전치사이며, look forward
말고도 이런 것들이 있다: dedicated to: ~에 헌신하다, commitment
to: ~에 헌신하다, belong to: ~에 속하다

우리의 능력이 변화를 가져올 수 있으니 믿으라고 하지 말고, 차라리, 당신 자신을 믿어보라고 하자.

journey	여정	strategist	전략가
president	대통령	assembled	모인
unyielding	굽히지 않는(굳건한)	sacrificed	희생했다
nation	나라	candidate	후보
puppy	강아지	office	공직
while	~하는 동안, ~하는 반면에	endorsement	지지
miss	그립다	hatch	부화하다
debt	빚	porch	현관
support	지지(하다)	dug	파헤쳤다
grateful	감사하는	saving	저금
campaign	선거	myth	통념
unsung	노래되지 않은(숨은)	apathy	무관심
political	정치적인	drew	움직였다, 끌어냈다

debt	❶	ⓐ 모인
support	❷	ⓑ 정치
journey	❸	ⓒ 빚
sacrificed	❹	ⓓ 저금
grateful	❺	ⓔ 여정
president	❻	ⓕ 지지(하다)
political	❼	ⓖ 대통령
candidate	❽	ⓗ 감사하는
assembled	❾	ⓘ 희생했다
saving	❿	ⓙ 후보

One voice can change a room, and if one voice can change a room, then it can change a city.

scorching	타는듯한	wonder	궁금해 하다
stranger	낯선 사람	mortgage	집 융자금
volunteer	자원하다	harness	(동력으로) 이용하다
perish	멸망하다	threat	위협
election	선거	alliance	동맹
enormity	엄청남	ahead	앞으로의
celebrate	기념하다	steep	가파른
challenge	도전(하다)	term	기간, 임기, 용어
lifetime	일생	setback	퇴보
peril	위험에 처한	policy	정책
crisis	위기	especially	특히
desert	사막	remaking	다시 만드는 것
awake	깨어있는	calloused	굳은살 박힌

awake **❶**		**ⓐ** 위협
stranger **❷**		**ⓑ** 퇴보
crisis **❸**		**ⓒ** 집 융자금
setback **❹**		**ⓓ** 정책
celebrate **❺**		**ⓔ** 도전(하다)
mortgage **❻**		**ⓕ** 깨어있는
challenge **❼**		**ⓖ** 기념하다
threat **❽**		**ⓗ** 위기
policy **❾**		**ⓘ** 낯선 사람

Words 2/5: 1c 2f 3e 4i 5h / 6g 7b 8j 9a 10d
Words 3/5: 1f 2i 3h 4b 5g / 6c 7e 8a 9d
우리의 목소리는 이 방(의 사람들)을 바꿀 수 있다. 그리고 그것이 가능하다면, 한 도시도 바꿀 수 있다.

Election Victory Speech, 2008

I want to _____ my partner in this journey,
a man who campaigned from his _____ and
spoke for the men and women he grew up with on
the streets of Scranton and _____ with on that
train home to Delaware, the vice-president-elect of
the United States, Joe Biden.

And I would not be _____ here tonight
without the unyielding support of my best
_____ for the last 16 years, the rock of
our _____, the love of my life, the nation's
next first lady, Michelle Obama. Sasha and Malia,
I love you both more than you can _____, and
you have earned the new puppy that's coming with
us to the White House.

And while she's no longer with us, I know my
grandmother is watching, along with the family
that _____ me who I am. I miss them tonight, I
know that my debt to them is beyond measure. To
my sister Maya, my sister Alma, all my _____
brothers and sisters, thank you so much for all
the support that you've given me. I am grateful to
_____.

나는 원한다/ 감사하는thank 것을 나의 파트너를/ 이 여정에서,

한 남자는/ 그는 캠페인 운동하였다/ 그의 진심heart으로부터 그리고

(대변하여)말했다/ 그 남자들과 여자들을 위하여/ 그가 함께 자랐던/

스크랜턴의 거리들 위에서/ 그리고 함께 탔던rode/ 고향행인 저

기차에/ 델라웨어로, 그 (사람은) 부-대통령-당선인/

미국의, 조 바이든이다.

그리고 나는 여기 오늘밤 서 있지standing 않았을 것이다/

그 굽히지 않는(굳건한) 지지가 없었다면/ 나의 최고의

친구friend의/ 지난 16년 동안,

우리 가족family의 바위(처럼 든든한 사람)와 내 인생의 사랑, 나라의

다음 영부인, 미셸 오바마. 사샤와 말리아,

나는 사랑한다/ 너희 둘 다 더 많이/ 너희들이 상상할imagine 수 있는 것보다,

그리고 너희는 얻었다/ 그 새로운 강아지/ 그것은 들어간다/

우리와 함께/ 백악관으로.

그리고 그녀가 더 오래 있지 않은 동안/ 우리와 함께, 나는 안다/ 나의

할머니가 보고 있다고, 그 가족과 더불어/ 그 가족은

만들었다made/ 나를 누구로/ 내가 있는 지금대로의. 나는 그립다/ 그들을 오

늘밤, 그리고 안다/ 한 문장을/ 그들에 대한 나의 빚은 측정을 넘는다(측정하기

어려울 정도로 많다). 나의 여동생 마야, 누나 오마, 모든 나의 다른other

형제자매들, 당신들에게 아주 많이 고맙다/ 모든

지지(도움) 때문에/ 그 지지를 당신들이 줬다/ 나에게. 나는 감사한다/

그들에게them.

그것(우리가)이 한 도시를 바꿀 수 있다면, 그것은 나라와 세계도 바꿀 수 있다. 당신의 목소리가 세계를 바꿀 수 있다.

To my campaign manager, David Plouffe the unsung hero of this campaign, who _____ the best, the best political campaign, I think, in the history of the United States of America.

To my chief strategist, David Axelrod who's been a partner with me every _____ of the way.

To the best campaign team ever assembled in the history of politics — you made this _____, and I am forever grateful for what you've sacrificed to get it _____.

But above all, I will never _____ who this victory truly belongs to — it belongs to you. it belongs to you.

식사
준비중
버락

Rick Bown
Associated

If you make some good things happen, you'll fill the world with hope, you'll fill yourself with hope.

나의 선거 관리자(선거 사무장), 데이빗 플러프에게 그
노래되지 않은(숨은) 영웅/ 이 선거 캠페인의/ 그 영웅은 지었다(만들어냈다)
<u>built</u>/ 그 최고의, 그 최고의 정치 선거를, 내 생각에는,
미국 역사에서 (가장 최고인).

나의 수석 전략가, 데이빗 액슬라드 에게/ 그는 한
동반자였다/ 나와 함께한/ 그 길의 매 단계step에서.

그리고 그 최고의 캠페인 팀에게/ 이제껏 모인/
정치의 역사에서—너희가 만들었다/ 이것을 일어나도록happen,
그리고 나는 영원히 감사한다/ 무엇에 대하여/ 그 무엇을 너희가 희생했다/
그것(대통령 당선)이 되어지도록done.

그러나 무엇보다도, 나는 절대로 잊지<u>forget</u> 않을 것이다/ 누구를/그 사람에게
이 승리는 진정으로 속한다—그것은 속한다/ (바로) 너희에게.(너희 것이다).
그것은 너희에게 속한다(너희 덕분이다).

당신이 좋은 일이 일어나게 만든다면, 세상을 소망으로 채우는 것이고, 당신 자신도 소망으로 채우는 것이다.

Election Victory Speech, 2008

I was never the likeliest candidate for this office.
We didn't _____ with much money or many
endorsements. Our campaign was not hatched in
the halls of Washington — it began in the backyards
of Des Moines and the _____ rooms of
Concord and the front porches of Charleston.

It was built by working men and women who dug
into what little savings they had to give $5, $10,
and $20 to the _____.

It grew _____ from the young people who
rejected the myth of their generation's apathy who
left their homes and their families for jobs that
_____ little pay and less sleep.

It drew strength from the not-so-young people
who braved the bitter cold and scorching heat to
knock on doors of _____ strangers, and from
the millions of Americans who volunteered and
organized and proved that more than two centuries
later a _____ of the people, by the
people, and for the people has not perished from
the Earth.

This is your _____.

Money is not the only answer, but it makes a difference.

나는 절대로 가장 (당선)될 것 같은 후보가 아니었다/ 이 공직에 대해.

우리는 시작하지<u>start</u> 않았다/ 많은 돈이나 많은

지지를 가지고. 우리의 캠페인은 부화되지 않았다/

워싱턴의 전당에서 — 그것은 시작했다/ 디모인의 그 뒷마당에서

그리고 그 콩코드의 거실<u>living</u> 방들에서

그리고 찰스턴의 그 앞쪽의 현관에서.

그것(캠페인)은 지어졌다/ 노동하는 남자들과 여자들에 의하여/ 그들은 파헤
쳤다/ 정말 거의 없는 저금들을/ 그들이 가졌던/ 주기 위하여 5달러, 10달러,
그리고 20달러를/ 이 명분<u>cause</u>에.

그것(캠페인)은 키웠다/ 힘<u>strength</u>을/ 젊은이들로부터/ 그들은

거부했다/ 그 통념을/ 그들의 세대의 무관심의 그들은

떠났다/ 그들의 집들을 그리고 그들의 가족들을/ 직업들을 위해/ 그 직업들은

제공했다<u>offered</u>/ 거의 없는 임금과 더 적은 수면을.

그것(캠페인)은 끌어냈다/ 힘을/ 아주 젊지는 않은 사람들로부터/

그들은 용감히 맞섰다/ 그 쓰라린 추위와 타는듯한 더위를/

두드리기 위해/ 그 문들 위를/ 완전히<u>perfect</u> 낯선 사람들의,

수백만 명의 미국인들로부터 (힘이 키워졌다)/ 그들은 자원했고

조직했다, 그리고 증명했다/ 한 문장을/ 2세기 훨씬

더 (지난) 후에, 한 정부<u>government</u>가 (국민의,

국민에 의한, 그리고 국민을 위한) 무너지지 않는다고/

이 땅으로부터.

이것은 너희의 승리<u>victory</u>이다.

돈이 그 유일한 정답은 아니다, 그러나 차이를 만들어 낸다.

I know you didn't do this just to _____ an election. I know you didn't do it for me.

You did it because you _____ the enormity of the task that lies ahead. For even as we celebrate tonight, we know the challenges that tomorrow will _____ are the greatest of our lifetime — two wars, a planet in peril, the worst financial crisis in a _____.

Even as we stand here tonight, we know there are brave Americans waking up in the deserts of Iraq and the mountains of Afghanistan to _____ their lives for us.

There are mothers and fathers who will lie awake after the children fall asleep and wonder how they'll make the mortgage or pay their doctors' bills or save enough for their child's college _____.

There's new energy to harness, new jobs to be created, new schools to build, and threats to _____, alliances to repair.

I just miss - I miss being anonymous.

나는 안다/ 너희는 하지 않았다고/ 이것을/ 단지 이기기<u>win</u> 위하여

한 선거를. 나는 안다/ 너희는 하지 않았다고/ 그것을/ 나를 위하여.

너희는 했다/ 그것을/ 너희가 이해하기<u>understand</u> 때문에/ 그 일의 엄청남

을/ 그 일은 앞에 놓여있다. 왜냐하면 심지어 우리는 기념하면서도/

오늘밤을, 우리는 알기 때문에/ 그 어려움들은 (그 어려움들을/ 내일이

가져올<u>bring</u> 것이다) 가장 크다고/ 우리의 일생의 ─ 두 개의

전쟁들, 하나는 위험에 처한 행성, (또 하나는) 최악의 금융의 위기 한

세기<u>century</u>의.

심지어 우리가 여기 오늘밤 서 있음에도, 우리는 안다/

용감한 미국인들이 있다고/ 깨어나는/ 이라크의 사막들에서

그리고 아프가니스탄의 산악에서/ 위험<u>risk</u>을 무릅쓰면서

그들의 목숨을/ 우리를 위하여.

어머니들과 아버지들이 있다/ 그들은 누울 것이다/ 깨어있는 채로/

그들의 아이들이 잠든 후에/ 그리고 걱정할 (것이다) 어떻게

그들이 마련할 것인지를/ 그 집 융자금을, 또는 (어떻게) 지불할 (것인지를) 의

사의 청구서들을, 또는 (어떻게) 저축할 (것인지를) 충분히/ 그들의 아이들의

대학 교육<u>education</u>을 위하여.

새로운 에너지가 있다/ 이용할, 그리고 새로운 직업들이 (있다)/

창출될; 새로운 학교들이 (있다)/ 지을, 그리고 위협들이 (있다)/

만나게<u>meet</u> 될/ 그리고 동맹들이 (있다)/ 바로잡을.

난 그냥 그립다 - 난 내가 아무개였던 때(유명하지 않았던 때)가 그립다.

Election Victory Speech, 2008

The _____ ahead will be long. Our climb will be steep. We may not get there in one year or _____ in one term. But, America, I have never been more _____ than I am tonight that we will get there. I promise you, we as a people will get there.
(Crowd: Yes, we can. Yes we can...)

There will be setbacks and false starts. There are many who won't _____ with every decision or policy I make as president. And we know the government can't solve every _____.

But I will always be _____ with you about the challenges we face. I will listen to you, especially when we disagree. And, above all, I will ask you to join in the work of remaking this nation, the only way it's been _____ in America for 221 years — block by block, brick by brick, calloused hand by calloused hand.

We are and always will be a nation of immigrants. We were strangers once, too.

앞으로의 그 길road은 길 것이다. 우리의 등산은

가파를 것이다. 우리는 도달하지 않을지도 모른다 저기에/ 1년 안에, 또는

심지어even 한 임기 (안에). 그러나, 미국이여, 나는 결코 (아니다)

더 희망적인hopeful 적이 없다/ 내가 오늘밤 (희망적인)것보다/ 우리가

도달할 것이라고/ 저기에. 나는 약속한다/ 너희들에게, 우리는/ 한 국민으로서

도달할 것이다 저기에.

(군중: 그래요, 우리는 할 수 있어요. 그래요, 우리는 할 수 있어요...)

퇴보들과 잘못된 출발들이 있을 것이다.

많은 사람들이 있다/ 그들은 동의하지agree 않을 것이다/ 모든 결정이나

정책에/ 내가 만드는/ 대통령으로서, 그리고 우리는 안다/ 그

정부가 풀 수는 없다/ 모든 문제problem를.

그러나 나는 항상 정직할honest 것이다/ 너희에게/ 그

어려움들에 대하여/ 우리가 마주하는. 나는 들을 것이다/ 너희들을, 특히

우리가 동의하지 않을 때. 그리고, 무엇보다도, 나는 요청할 것이다/ 너희가

함께 해야 한다고/ 그 작업에서/ 다시 만드는 것의 이 나라를, 유일한

방식으로 그것이 되었던done/ 미국에서/ 221년 동안

―블록 블록마다, 벽돌을 차곡차곡, 굳은살 박인 손에

굳은살 박인 손으로.

우리는 지금도, 항상, 앞으로도 이민자의 나라일 것이다. 우리는 한때 이방인이었다.

Words 4/5

depth	깊음	banner	깃발
go back	돌아간다	founded	세워진
spirit	정신	individual	개인의
sacrifice	희생(하다)	measure	척도
summon	소환하다	hold back	저지하다
patriotism	애국	strain	혹사시키다
pitch in	협력하다	parliament	의사당
financial	금융의	huddled	움츠려 모인
thriving	번성하는	singular	단일의, 독특한
temptation	유혹	destiny	운명
partisanship	당파근성	tear down	파괴하다
immaturity	미성숙함	beacon	횃불
politics	정치	enduring	영구적인

depth ❶　　　ⓐ 금융의

summon ❷　　　ⓑ 개인의

temptation ❸　　　ⓒ 척도

spirit ❹　　　ⓓ 유혹

measure ❺　　　ⓔ 소환하다

financial ❻　　　ⓕ 파괴하다

destiny ❼　　　ⓖ 정신

individual ❽　　　ⓗ 단일의, 독특한

tear down ❾　　　ⓘ 운명

singular ❿　　　ⓙ 깊음

The United States is not, and never will be, at war with Islam.

democracy	민주주의	tyranny	폭정
unyielding	굽히지 않는(군건한)	witness	목격하다, 목격자
genius	천재, 진수	preacher	설교사
union	통합	touch down	착륙하다
ballot	표	so far	지금까지
slavery	노예제도	prosperity	번영
heartache	심적 고통	reclaim	되찾다
struggle	분투(하다)	reaffirm	재확인하다
press on	나아가다	fundamental	근본적인
creed	신조	cynicism	냉소
silenced	침묵해진	respond	응답하다
dismissed	묵살된	sum up	요약하다
depression	공황	bless	축복하다

slavery	❶	ⓐ	노예제도
witness	❷	ⓑ	번영
democracy	❸	ⓒ	분투(하다)
silenced	❹	ⓓ	민주주의
prosperity	❺	ⓔ	침묵해진
genius	❻	ⓕ	응답하다
respond	❼	ⓖ	천재, 진수
bless	❽	ⓗ	축복하다
struggle	❾	ⓘ	목격하다, 목격자

Words 4/5: 1j 2e 3d 4g 5c / 6a 7i 8b 9f 10h
Words 5/5: 1a 2i 3d 4e 5b / 6g 7f 8h 9c

미국은 현재도, 앞으로도 절대 이슬람인들과 전쟁하지 않을 것이다.

Election Victory Speech, 2008

What _____ 21 months ago in the depths of winter cannot end on this autumn night.

This victory _____ is not the change we seek.

It is only the chance for us to make that change.

And that cannot happen if we go back to the _____ things were.

It can't happen without you, without a new spirit of service, a new spirit of sacrifice.

So let us summon a new spirit of patriotism, of responsibility, where each of us resolves to pitch in and work _____ and look after not only ourselves but each other.

Let us _____ that, if this financial crisis taught us anything, it's that we cannot have a thriving Wall Street while Main Street suffers.

In this country, we _____ or fall as one nation, as one people.

Let's resist the temptation to fall back on the same partisanship and pettiness and immaturity that has poisoned our _____ for so long.

I'm a warrior for the middle class.

무엇은 (그것은 시작했다began/ 21개월 전에/ 그 깊음에서(한창때에)/
겨울의) 끝나서는 안 된다/ 이번 가을밤에.
이 승리만이alone 그 변화가 아니다/ 우리가 추구하는.
그것은 오직 그 기회이다/ 우리가/ 만들 수 있는 저 변화를.
그리고 저것은 일어날 수 없다/ 우리가 돌아간다면/ 그
길way로/ 상황들이 있었던.
그것은 일어날 수 없다/ 너희들 없이는, 한 새로운 봉사의 정신 없이는,
한 새로운 희생의 정신 없이는.

그러니 우리가 소환하자/ 한 새로운 애국의 정신을,
책임의 정신을, 거기에서 우리들 각각은 결의한다/ 협력하기 위해
그리고 더 열심히harder 일하기 (위해) 그리고 돌보기 (위해)
우리 스스로를 위해서 뿐만 아니라, 그러나 서로를 (돌보기 위해).
우리가 기억하자remember/ 한 문장을, 이 금융의 위기가
가르쳤다면/ 우리에게 어떤 것을, 그것은 한 문장이다/ 우리는 가질 수 없다/
번성하는 월스트리트(금융 시장의 중심지)를/ 메인가(전형적인 미국 중산층)
가 고통 겪는 동안. 이 나라에서, 우리는 올라가거rise나 떨어진다/ 하나의 국가
로서, 하나의 국민으로서.
우리가 저항하자/ 그 유혹을/ 돌아갈/ 똑같은
당파근성 그리고 옹졸함 그리고 미성숙함으로/ (그 유혹은)
독살해왔다/ 우리의 정치politics를/ 아주 오랫동안.

나는 중산층을 위한 전사이다.

Let's remember that it was a man from this state who first carried the banner of the Republican Party to the White House, a party founded on the values of self-reliance and individual liberty and _____ unity.

Those are values that we all share. And while the Democratic Party has _____ a great victory tonight, we do so with a measure of humility and determination to _____ the divides that have held back our progress.

As Lincoln _____ to a nation 문법far more divided than ours, "We are not enemies but friends. Though passion may have strained, it must not break our bonds of affection."

To those Americans whose support I have yet to earn, I may not have won your _____ tonight, but I hear your voices. I need your help. And I will be your president, too.

I'm the president of the United States. I'm not the emperor of the United States.

우리가 기억하자/ 한 문장을/ 그것은 한 남자였다/ 이 주 출신의/

그 남자는 처음으로 들었다/ 공화당의 깃발을/

백악관에, 세워진 정당이다/ 그

가치들 위에/ 자기 의존(자주)의, 개인의 자유와

국가의<u>national</u> 통합(거국일치)의.

저것들은 가치들이다/ 그 가치들을 우리 모두가 공유하는. 그리고

민주당이 얻은<u>won</u> 반면에/ 커다란 승리를

오늘밤에, 우리는 그렇게 해야 한다/ 척도를 가지고/ 겸손함과

결단력의 / 치료하기<u>heal</u> 위하여/ 그 분열들을/ 그것들은

저지해왔다/ 우리의 진보를.

링컨이 말했던<u>said</u> 것처럼/ 한 국가에 훨씬 더 나눠진(분열된)/

현재의 우리들의 것(분열)보다, "우리는 적들이 아니라, 그러나 친구들이다.

열정이 혹사시킬지도 모르지만, 그것은 파괴해서는 안 된다/ 우리의

애정의 결속들을."

저 미국인들에게/ 그 미국인들의 지지를 나는 아직

얻지 않았다, 나는 얻지 못할지도 모른다/ 너희의 표<u>vote</u>를 오늘밤에,

그러나 나는 듣는다/ 너희의 목소리들을, 나는 필요하다/ 너희의 도움이, 그

리고 너희의 대통령이 될 것이다, 또한.

> 비교급의 강조
>
> ~er(=more)을 강조하기 위해 still, even, far, a lot, much만 쓸 수 있다.

나는 미국의 대통령이다. 미국의 황제가 아니다.

And to all those _____ tonight from beyond our shores, from parliaments and palaces, to those who are huddled around radios in the _____ corners of the world, our stories are singular, but our destiny is shared, and a new dawn of American leadership is at _____.

To those, to those who would tear the world down: We will defeat you.
To those who _____ peace and security: We support you.

And to all those who have wondered if America's beacon still burns as _____: Tonight we proved once more that the true strength of our nation comes not from the might of our _____ or the scale of our wealth, but from the enduring power of our ideals: democracy, liberty, opportunity and unyielding hope.

That's the true genius of America: that America can change. Our union can be perfected. What we've _____ achieved gives us hope for what we can and _____ achieve tomorrow.

There's not a liberal America and a conservative America — There's the United States of America.

그리고 모든 저들에게/ 보고 있는watching 오늘밤/

우리의 해안을 (국가를) 너머로부터, 의사당들과 궁전들로부터/ 저들에게/

그들은 움츠리며 모여있다/ 라디오들 주변에/ 우리 세상의 잊힌forgotten

구석구석에서, 우리의 이야기들은 (유례없이)독특하다, 그러나

우리의 운명은 공유된다, 그리고 새로운 여명은/ 미국의

리더십의/ 가까이<u>hand</u>에 있다.

저들에게 (그들은 파괴하려고 한다/ 이 세상을):

우리는 그들을 패배시킬 것이다.

저들에게 (그들은 추구한다<u>seek</u>/ 평화와 안전을: 우리는

지지한다/ 그들을.

그리고 모든 저들에게 (그들은 궁금하다/ 미국의

횃불이 여전히 타는지를/ 밝게<u>bright</u>): 오늘밤, 우리는 증명했다/

다시 한번/ 한 문장을/ 우리나라의 진정한 강함은 온다/

그 힘으로부터가 아니라/ 우리의 무기들arms 또는

우리의 부의 규모의, 그러나 영구적인 힘으로부터 (나온다)/

우리의 이상들의: 민주주의, 자유, 기회 그리고

굽히지 않는 (굳건한) 희망 (으로부터).

저것이 진정한 미국의 진수이다: 저것을 미국이

바뀔 수 있다는 것이다. 우리의 통합은 완벽하게 될 수 있다. 무엇은

(그 무엇을 우리는 이미<u>already</u> 성취했다) 준다/ 우리에게 희망을/ 무엇에 대

한/ 그것을 우리는 성취할 수 있고 성취 해야만<u>must</u> 한다는/ 내일.

진보 미국도 보수 미국도 존재하지 않는다 ─ 통합된 주들의 미국만 있다.

This election had many firsts and many stories that will be told for generations. But one that's on my _____ tonight's about a woman who cast her ballot in Atlanta. She's a lot like the millions of others who stood in line to make their voice _____ in this election except for one thing: Ann Nixon Cooper is 106 years old.

She was _____ just a generation past slavery; a time when there were no cars on the road or planes in the _____; when someone like her couldn't vote for two _____ — because she was a woman and because of the color of her skin.

And tonight, I think about all that she's seen _____ her century in America — the heartache and the hope; the struggle and the progress; the times we were told that we can't, and the people who pressed on with that American creed: Yes, we can.

앤 닉슨
쿠퍼

2009.12
107세에

tampabay.c

We should do everything we can to make sure this country lives up to our children's expectations.

이 선거는 가지고 있었다/ 많은 처음(최초)들과 많은 이야기들을/

그것들은 이야기되어질 것이다/ 여러 세대에 걸쳐서. 그러나 한가지는 (저것은

내 마음mind에 있다/ 오늘밤) 한 여자에 대한 것이다/ 그 여자는 던졌다/

그녀의 표를/ 애틀랜타에서. 그녀는 수백만 명의

다른 이들과 많이 같다(비슷하다)/ 그들은 줄 서 있었다/ 만들기 위하여 그들의

목소리가 들리게heard/ 이 선거에서, (그들과 다른) 한 가지만 제외하고:

앤 닉슨 쿠퍼는 106살이다.

그녀는 태어났다born/ 막 한 세대의 노예제도를 지나서;

한 시기 (그때에는) 차들이 없었다/ 도로 위에 또는

비행기들이/ 하늘sky에; 그때에는 누구가는/ 그녀와 같은 (사람은)

투표할 수 없었다/ 두 가지 이유들reasons로 — 그녀가

여자였기 때문에/ 그리고 그녀의 피부 색깔 때문에.

그리고 오늘밤, 나는 생각한다/ 모든 것에 대하여 (그것은) 그녀가 봐왔던/

그녀의 세기 내내throughout/ 미국에서 —

그 심적 고통을 그리고 그 희망을; 그 분투와 그

진보를; 그 시기들을 (우리가 말해졌던/ 우리가 할 수 없다고)

그리고 그 사람들은/ 그 사람들은 나아갔다/ 저 미국의

신조를 지니고: 그렇다, 우리는 할 수 있다.

우리의 아이들의 기대에 부끄럽지 않을만한 나라를 만들기 위해 할 수 있는 모든 것을 해야 한다.

At a time when women's voices were silenced and their hopes dismissed, she _____ to see them stand up and speak out and reach for the ballot. Yes we can.

When there was despair in the dust bowl and depression across the land, she saw a nation conquer fear itself with a New Deal, new jobs, a new _____ of common purpose. Yes we can.

When the bombs fell on our harbor and tyranny threatened the world, she was _____ to witness a generation rise to greatness and a democracy was _____. Yes we can.
(Crowd: Yes, we can.)

She was there for the _____ in Montgomery, the hoses in Birmingham, a bridge in Selma, and a preacher from Atlanta who told a people that "We Shall Overcome." Yes we can.

버밍\
물대\
탄압

1963.

Charles M\
Life maga.

The strongest weapon against hateful speech is not repression; it is more speech.

한 시기에 (그때에) 여자들의 목소리들은 침묵 되었다/ 그리고
그들의 희망들은 묵살되었다, 그녀는 살았다lived/ 보기위해 그들이(여자들이)
일어서서 큰 소리 내는 것을 그리고 손을 뻗는 것을/ 투표(용지)에.
그렇다, 우리는 할 수 있다.

절망이 있었을 때/ 더스트 볼(먼지 공, 모래바람이 휘몰아치는 미국 대초원의
서부 지대)에서 그리고 (경제)공황(이 있었을 때)/ 그 땅을 가로질러, 그녀는 보
았다/ 한 나라가 정복하는 것을 공포 그 자체를/ 뉴딜 정책으로, 새로운 직업들
과, 한 새로운 공동의 목표 의식sense(을 가지고). 그렇다, 우리는 할 수 있다.

그 폭발들이 떨어졌을 때/ 우리의 항만 위(진주만공격)에 그리고 폭정이
세계를 위협했을 때, 그녀는 거기에there 있었다/ 목격하며
한 세대가 올라가는 것을/ 위대함으로/ 그리고 민주주의가
구출되었던saved 것을 (목격하며). 그렇다, 우리는 할 수 있다.
(군중: 그래요. 우리는 할 수 있어요.)

그녀는 거기에 있었다/ 그 버스들buses을 위하여/ 몽고메리에 있는,
그 호스들을 (위하여)/ 버밍햄에서, 셀마에 있는 한 다리를 (위하여), 그리고
애틀랜타 출신의 설교사를 (위하여)/ 그 설교사는 말했다/ 한 민족에게/ 한 문
장을/ "우리는 극복할 것이다." 그렇다, 우리는 할 수 있다.
the buses in Montgomery: 흑인이 백인에게 자리를 양보하지 않아 체포된 것에
대한 투쟁
the hoses in Birmingham: 경찰의 물대포로 인종을 탄압한 사건
a bridge in Selma: 투표권을 위해 셀마에서 몽고메리까지 87km를 행진한 사건
a preacher from Atlanta: 마틴 루터 킹 주니어

비난에 대처하는 가장 강한 무기는 억압이 아니다; 그것은 더 많은 말을 하는 것이다.

A man touched down on the _____, a wall came down in Berlin, a world was connected by our own _____ and imagination.

And this year, in this election, she touched her finger to a _____, and cast her vote, because after 106 years in America, through the best of times and the darkest of hours, she knows _____ America can change. Yes, we can. (Crowd: Yes, we can.)

America, we have come so far. We have seen so much. But there is so much more to do. So tonight, let us ask ourselves: if our children should live to see the next century; if my daughters should be so _____ to live as long as Ann Nixon Cooper, what change will they see? What _____ will we have made?

승리
듣기위
모인

Anthony Ja
Getty Imag

The cynics may be the loudest voices — but I promise you, they will accomplish the least.

인간은 착륙했다/ 달moon 위에, 한 벽은
내려왔다(무너졌다)/ 베를린에서, 세상은 연결되었다/
우리 자신의 과학science과 상상력에 의하여.

그리고 올해, 이번 선거에서, 그녀는 만졌다/ 그녀의
손가락을/ 화면screen에 그리고 던졌다/ 그녀의 표를,
106년 후에/ 미국에서, 최고의
시절들과 가장 어두운 (최악의)시간들을 통해, 그녀는 알기 때문에/
어떻게how 미국이 바뀔 수 있는지를. 그렇다, 우리는 할 수 있다.
(군중: 그렇다, 우리는 할 수 있다.)

미국이여, 우리는 왔다/ 지금까지. 우리는 봤다/ 아주
많이. 그러나 아주 더 많이 있다/ 해야 할 것들이. 그래서 오늘밤,
우리를 묻게ask 하자/ 우리들 자신에게: 우리의 아이들이 살아서
봐야 한다면/ 그다음 세기를; 나의 딸들이 아주
운이 좋아서lucky 산다면/ 앤 닉슨 쿠퍼만큼,
무슨 변화를 그들이 볼까? 무슨 진보progress를
우리는 이루게 될까?

냉소주의 자들의 목소리가 가장 크다 ─ 그런데 내가 단언하는데, 그들이 가장 적게 이룰 것이다.

Election Victory Speech, 2008

This is 문법our chance to answer that _____.
This is our moment. This is our time, to put our
people back to work and open doors of opportunity
for our kids; to restore prosperity and promote
the cause of peace; to reclaim the American dream
and reaffirm that fundamental _____, that, out
of many, we are one; that while we breathe,
we _____. And where we are met with
cynicism and doubts and those who _____ us
that we can't, we will respond with that timeless
creed that sums up the spirit of a people:
Yes, we can.

Thank you. God bless you. And _____ God
bless the United States of America.

오바마
퇴임 연

퇴임 후에
국민분께
봉사하는
멈추지
않겠습니

2017. 1.
시카고

Jonathan Er
Reuters

That's the America I know. That's the country we love. Clear-eyed. Big-hearted. Undaunted by challenge.

이것이 우리의 기회이다/ 응답할 저 부름에<u>call</u>.

이것은 우리의 순간이다. 이것은 우리의 시간이다, 놓기 위한 우리의

사람들을/ 직장으로되돌릴/ 그리고 기회의 문들을 열/

우리의 아이들을 위하여; 번영을 회복할 (시간)/ 그리고 증진시킬 (시간)

그 평화의 대의를; 아메리칸 드림을 되찾을 (시간)/

그리고 재확인할 (시간) 저 근본적인 사실을<u>truth</u>, 그 사실은,

많은 (사람들) 중에서, 우리는 하나라는 것이다; (그사실은) 우리가 숨 쉬는 한,

우리는 희망한다<u>hope</u>는 것이다. 그리고 우리가 맞닥뜨리게 되는 곳에서/

냉소와 의심들 그리고 저들과/ 그들은 우리에게 말하는<u>tell</u>/

한 문장을/ 우리는 할 수 없다고, 우리는 응답할 것이다/ 저 영원한

신조를 지니고/ 그 신조는 요약한다/ 한 민족의 정신을:

(그 신조는) 그렇다, 우리는 할 수 있다 (이다).

고마워요, 하나님이 축복하기를/ 너희를. 그리고 하나님이

축복해주시기<u>may</u>를/ 미합중국을.

저것이 내가 아는, 우리가 사랑하는 나라이다. 결백한 눈과, 큰마음으로, 도전에 겁먹지 않는다.

Brian Tracy

Youtube, 2015. 1. 16.

TOP 5

유튜브 연설

You do become
what you think about most of the time.

당신은 당신이 가장 많은 시간동안 생각한 무엇이 된다.

브라이언 트레이시

사업가, 연설가
1944. 1. 5. ~

성공의 비밀을
찾아서

처절하게 가난했다. 11살 때부터 부모님께 한푼도 받지 않았고, 고등학교도 졸업하지 못했다. 이후에 작은 호텔에서 설거지를 하다가 짤렸고, 세차 일도 짤렸고, 바닥청소하는 일도 또 짤렸다. 이후에 공장, 공사판, 농장, 선박 등 할 수 있는 일은 다 했지만 또 짤렸다. 몇 번이나 짤렸는지 기억도 안 난다.

집이 없어서 차에서 잠을 잤다. 추위에 잠을 깼는데, 죽음보다 더한 공포를 느꼈다. 더이상 이렇게 살기는 싫어서 가진 돈을 털어 아프리카 횡단을 떠났다. 횡단 중에 슈바이처 박사를 만나고 성공에 원칙이 있다는 것을 깨달았다.

이후에 경영학을 전공하고, 수천 권의 책과 수만 건의 기사를 읽었다. 왜 사람들이 성공하고, 성공하지 못하는지 연구했다. 그 일을 실천에 옮기면서 판매와 사업으로 큰 부자가 될 수 있었다.

내가 깨달은 것은 이런 것들이다: 세상에 가장 소중한 사람은 나이며, 자신을 소중히 여기는 만큼 더 크게 더 많이 이룰 수 있다. / 나를 통제하는 것은 나 자신뿐이며, 모든 것은 내 책임이다. / 마음 먹은 일은 절대로 포기 하지 않는다. / 세상에 처음부터 뛰어난 사람은 없다. 남들이 해낸 일은 나 또한 해낼 수 있으며, 매일 조금씩이라도 목표를 위해 노력하면 언젠가 이룰 수 있다. / 혼자 노력하는 것보다는 책을 읽고, 성공한 사람들을 찾아가 조언을 구하는 것이 더 빠른 방법이다. / 운을 믿지 않았고, 최대한 많이 시도해서 성공 확률을 높이려고 했다. / 사람은 생각을 현실화 시키는 기계 같아서, 효율적으로 생각하면 효율적으로 행동하게 된다.

이제는 다른 사람들이 더 행복한 삶을 살았으면 하는 바람에 강연을 하고 있다. 70개국에서 500만명에게 강연했고, 미국을 움직이는 10인에도 꼽혔으며, 한번 강연료로 8억을 받는다.

goo.gl/fs9qiq

유튜브 연설

놀이 ★

재미 ★★★

감동 ★★

교훈 ★★★★★

대기업들이 2000만 달러(220억원)를 모아 정상에 있는 사람들은 어떤 생각을 주로 하는지 25년 동안 연구했다. 35만명에게 일주일에 한번씩 예고 없이 전화해서 지금 하고 있는 생각을 물었다.

그 결과, 가장 행복하고 돈을 많이 버는 최상위 10%의 사람들은 주로 '자신이 원하는 것이 무엇이고, 어떻게 하면 그것을 얻을 수 있는지'를 생각했다. 쉽게 말해 '어떻게'에 대한 고민이 그 사람들을 행복하게 만들었다.

그들의 성격에 대해서도 연구했다. 가장 두드러지는 특징은 '긍정주의'였다. 사람들은 기분이 나쁘고, 비관적일 때는 아무것도 하기도 싫고, 해봤자 안될 것 같아서 안 하게 된다. 하지만 긍정적일 때는 실패할 지라도 실행에 옮기고, 결국은 원하는 것을 이루게 된다.

상위 10%의 사람들은 현실에 아무리 큰 문제가 있을지라도, 그것을 해결할 수 있다고 믿었다. 인생은 어차피 문제와 위기의 연속이다. 그들은 큰 문제에는 그만한 크기의 교훈이나 선물이 담겨있다고 믿었다. 그러한 긍정성 때문에 다른 사람들보다 더 오래 참을 수 있었다.

또한, 그들은 과거보다는 미래에 대해 주로 생각하고, 완벽한 미래를 상상했다. 명확한 목표를 설정하고, 대부분의 시간동안 그 목표에 대해서 생각했다. 그리고 하고있는 일에서는 최고가 되려고 했다.

그 최상위 사람들의 습관을 연구해서 책 <백만불짜리 습관>을 출간했다. 그 습관 중 가장 중요한 6가지를 이 연설에서 소개한다.

successful	성공적인	chapter	단원
earner	(돈을) 버는 사람	critical	중요한
result	결과	daily	매일의
master	주인	orientation	방향
turning point	확 돌아서는 지점	accomplish	달성하다
psychology	심리학	journal	공책, 잡지
discovery	발견	regular	정기적인
replace	대체하다	driving	몰아가는 중인
develop	발전시키다	most	대부분의
repetition	반복	achieve	달성하다
million	백만	wealthy	부자인

daily ❶   ⓐ 대체하다

discovery ❷   ⓑ 달성하다

replace ❸   ⓒ 매일의

successful ❹   ⓓ 성공적인

orientation ❺   ⓔ 발전시키다

develop ❻   ⓕ 중요한

psychology ❼   ⓖ 정기적인

critical ❽   ⓗ 방향

achieve ❾   ⓘ 발견

regular ❿   ⓙ 심리학

Self-confidence is the foundation of all great success and achievement.

What are the habbits?

누가　상태모습이다　어떤
무엇이　　　그　　습관들인가?

의문문에서 what은 '주어'나 '목적어' 역할을 한다. 다시 말해 '주어'나 목적
어' 대신에 what을 쓴다. 예문에서는 '주어(무엇이)' 역할을 했다.

1.What is the one habit?

_____ 그 하나의 습관인가?

2.What does this mean?

_____ 이것이 의미하는가?

3.What do other people want?

_____ 다른 사람들이 원하는가?

4.What would we talk about?

_____ 우리가 말하려고 하는가?

5.What change will they see?

_____ 그들이 볼 것인가?

6.What progress will we make?

_____ 우리가 만들 것인가?

관련단원 4시간에 끝내는 영화영작: 기본패턴 23단원(p.106), 응용패턴 11단원(p.58)
생활영어 회화천사: 전치사/접속사/조동사/의문문 61단원(p.174), 62단원(p.176)

Words 1/3: 1c 2i 3a 4d 5h / 6e 7j 8f 9b 10g

Grammar Pattern: 1.무엇이 2.무엇을 3.무엇을
　　　　　　　　4.무엇에 관해 5.무슨 변화를 6.무슨 진보를

자신감은 모든 성공과 성취의 토대가 된다.

습관의 중요성 1

Hello. I'm Brian Tracy.

문법 I'm always being asked "What are the _____ of successful people?" "What is that successful people do habitually every _____ day that leads to them being in the _____ 20% of money earners in our society?"

Well, Aristotle said that 95% of everything you do is the result of habit. So the rule is (to) form good habits, and make them your masters rather than allowing bad habits to form. In _____, the other rule says this is that "Good habits are hard to form but easy to live with. Bad habits are easy to form but hard to live with."

연설중
브라이
트레이

2009
성공 회(

Debbie Lefe

Average people have wishes and hopes. Confident people have goals and plans.

안녕. 나는 브라이언 트레이시이다.

나는 항상 물어진다 "무엇이 그 습관들habits이냐고/

성공적인 사람들의" 무엇이 저 성공적인

사람들이 하는지/ 습관적으로 매single일/ 그 하는 것(습관)은/ 그것이

이끈다/ 그들을 그 최상위top 20%의 돈을 버는 사람의

우리 사회에서.

글쎄. 아리스토텔레스는 말했다/ 한 문장을/ 모든 것의 95%는 (네가 하는)

그 습관의 결과이다. 그래서 그 법칙은 형성하는 것이다/ 좋은

습관들을/ 그리고 만드는 것이다/ 그것들이 너의 주인들이 되도록/

허락하기보다 나쁜 습관들이 만들어지는 것을. 사실은fact, 그

다른 법칙은 말한다/ 이것을 "좋은 습관들은 만들기 어렵다/

하지만 살아가기는 쉽다/ 그것과. 나쁜 습관들은

만들기 쉽다/ 하지만 살아가기는 어렵다/ 그것과."

진행 수동

현재 질문을 받는 것은 아니지만, 계속해서(being) 질문을 받는다고
(asked) 생생하게 말하려고 쓴 것이다. I'm asked도 맞는 문장이지만
being asked보다 생생함이 덜 느껴진다.

평균적인 사람들은 희망과 소망을 갖는다. 자신있는 사람들은 목표와 계획을 갖는다.

Youtube, 2015

Then, one of the turning points in my _____
and my studies of psychology, was the discovery
that all habits are learned and can be unlearned.
Actually, you don't... actually, unlearn a habit. You
simply replace a bad habit with a good habit that
has more powerful _____ and impact. And
how do you develop a good habit? You develop a
habit by repetition.

Almost everything you do _____ the time you
get up in the morning, is habit. So _____ to
think about _____ "What would be the
best habits to have?" Now I have _____
a book called 'Million dollar habits.' It has twelve
chapters, twelve critical areas of life. And in
_____ chapter there's twenty or thirty habits.
So let me give you some of the best.

젊은 ㅅ
브라ㅇ
트레ㅇ

1979
briantracy.c

Goals in writing are dreams with deadlines.

그러면, 하나는 (확 돌아선 지점들의/ 내 인생life과
나의 심리학 연구들에서), 그 발견이다/
한 문장이라는/ 모든 습관들은 배워지고/ 잊혀질 수 있다는.
사실은, 너는 하지 않는다… 사실은, 잊을 수 없다/ 한 습관을. 너는
단순히 대체할 수 있다/ 한 나쁜 습관을/ 한 좋은 습관으로/ 그 습관은
가진다/ 더 많은 강한 힘power과/ 영향력을. 그리고
어떻게 너는 발전시키는가/ 한 좋은 습관을? 너는 발전시킨다/ 한
습관을/ 반복에 의해서.

거의 모든 것은 (네가 하는/ 그 시간부터from/ 네가
일어나는/ 아침에), 습관이다. 그래서 시작해라start/
생각하는 것을/ 너 자신에yourself 대해 "무엇이 그
가장 좋은 습관들인가/ 가져야 할?" 지금 나는 썼다written/
한 책을 불려지는 '백만불짜리 습관들'이라고. 그것은 가진다/ 12개의
단원들을, 12개의 중요한 삶의 분야들을. 그리고
각각의each 단원 안에/ 20 개나 30개의 습관들이 있다. 그래서
허락해라/ 내가 주는것을/ 너에게 몇가지 그 최고(습관을)를.

목표를 쓰는 것은 마감기한이 있는 꿈이 된다.

No 1. Develop the habit of daily _____ setting and goal orientation. What does this mean? This means when you go to sleep at night, think about your goals for the coming day. Make a list for each day of all the goals, the _____ goals you're going to accomplish that day. Keep a journal and write down your goals on a regular basis.

When you're driving through the day, think about your goals. When you're _____ with other people, think about your goals. You see, you do become what you think about most of the time. You do achieve what you think about most of the time.

So all successful people and all wealthy people think about their goals most of the time.

브라이
트레이
연설을
사람들

2015년
리가(라
강연회

briantracy.c

Life is too short to waste a minute of it doing a job you don't like or care about.

첫번째, 개발해라/ 그 습관을/ 매일의 목표goal 설정과

목표 방향의. 무엇을 이것이 의미하는가? 이것은

의미한다/ 네가 자러 갈 때를/ 밤에. 생각해라/

너의 목표들에 대해서/ 그 다가오는(다음) 날을 위해. 만들어라/ 한 목록을/ 매

일/ 그 모든 목표들에 대한. 그 작은little 목표들에 대한 네가

달성하려고 하는 저 날에. 유지해라 한 공책을/

그리고 써라/ 너의 목표를/ 정기적으로.

네가/ 몰아가는 중일 때/ 그 날 동안, 생각해라/

너의 목표들에 대해. 네가 말하는 중일talking 때/ 다른

사람들과, 생각해라/ 너의 목표들에 대해. 너는 알게 될 것이다, 너는 정말

된다/ 그 무엇이/ 그 무엇에 대해/ 네가 생각하는 대부분의 시간 동안.

너는 꼭 달성한다/ 무엇을/ 그 무엇에대해/ 네가 생각하는/ 대부분의

시간 동안.

그래서 모든 성공적인 사람들은/ 그리고 모든 부자인 사람들은

생각한다/ 그들의 목표들에 대해/ 대부분의 시간에.

삶은 당신이 좋아하지 않거나 신경 쓰지 않는 일을 위해 1분을 낭비하기에도 너무 짧다.

result	결과	establish	설정(설립)하다
oriented	지향적인	recognize	깨닫다
priority	우선순위	achieve	달성하다
called	불려지는	support	지원(하다)
activity	행동	cooperation	협력
completed	끝내진	customer	고객
immediately	즉시	relationship	관계
discipline	단련시키다	focus	집중하다
technique	기술	health	건강
rag	누더기	exercise	운동(하다)

oriented ❶		ⓐ 단련시키다
discipline ❷		ⓑ 협력
recognize ❸		ⓒ 설정(설립)하다
result ❹		ⓓ 고객
immediately ❺		ⓔ 우선순위
customer ❻		ⓕ 깨닫다
priority ❼		ⓖ 관계
relationship ❽		ⓗ 지향적인
establish ❾		ⓘ 결과
cooperation ❿		ⓙ 즉시

The more responsibility you accept, the happier you become. responsibility, control and happiness go together.

rest	휴식	definition	정의
competitive	경쟁적인	ability	능력
energy	에너지	whether	~든 아니든
honesty	정직	feel like	~하고 싶다
character	인격, 특성	develop	발전시킨다
characteristic	특성(인)	whatever	무엇이든
self-discipline	스스로-단련하는	practice	실행한다
foundation	토대	automatic	자동적인
else	그밖의		

competitive ❶		ⓐ 정직
foundation ❷		ⓑ ~든 아니든
character ❸		ⓒ 능력
honesty ❹		ⓓ 정의
ability ❺		ⓔ 토대
self-discipline ❻		ⓕ 실행한다
definition ❼		ⓖ 인격, 특성
whether ❽		ⓗ 스스로-단련하는
practice ❾		ⓘ 경쟁적인

Words 2/3: 1h 2a 3f 4i 5j / 6d 7e 8g 9c 10b
Words 3/3: 1i 2e 3g 4a 5c / 6h 7d 8b 9f
책임감이 커질수록 행복도 커진다. 책임, 통제력, 행복은 함께 움직인다.

Youtube, 2015

Second of all, be results-oriented. Now, results-oriented people are always thinking of the most important things that they can do right now to _____ their most important results. Successful people make a list of everything they have to do, and before they start working, they set priorities on the list.

Here's a _____ way to become result-oriented. Actually, it's life _____. Ask yourself once you have your list for the day. If I could only do one thing on this list before I was called out of town for a month, what one activity, what (would) I want to be sure to get completed? And put a _____ around that and start on that activity immediately first thing.

And then discipline yourself to work non-stop until you complete that one activity. This _____ technique has taken people from rags to riches all over the world for at least a hundred years.

_____ your most important task and start on immediately and then discipline yourself to stay with it until it's complete.

Make your life a masterpiece; imagine no limitations on what you can be, have, or do.

두번 째로 중요한 것은, 결과 지향적이어야 한다. 그리고 결과
지향적인 사람들은 항상 생각하는 중이다/ 가장
중요한 것들에 대해/ 그것들을 그들이 할 수 있는 바로 지금/
달성하기achieve 위해/ 그들의 가장 중요한 결과들을.
성공적인 사람들은 만든다/ 한 모든 것의 목록을/ 그들이
해야 하는, 그리고 그들이 시작하기 전에/ 일하는 것을, 그들은 설정한다/
우선순위들을/ 그 목록에서.

여기에 대단히 좋은great 방법이 있다/ 결과 지향적이 되는.
사실, 그것은 삶을 바꾼만큼 좋은changing다. 물어라/ 너 자신에게/
네가 가진다면/ 한 목록을/ 그 날을 위한. 네가 할 수 있다면/
한 개를/ 이 목록에서/ 내(네)가 불려지기 전에/ 이 도시 밖으로/
한 달 동안. 무슨 행동을 내가 원할 것인가/
분명히 되어지기를/ 끝나지게? 그리고 놓아라 한 원circle을/
저것 주변에/ 그리고 시작해라/ 저 행동을 즉시
첫번째 것으로.
그리고 단련시켜라/ 스스로가/ 일하도록 안-멈추고/
네가 끝낼 때까지/ 저 한개의 행동을. 이 단순한simple
기술은 가져갔다/ 사람들을/ 누더기(하찮은 사람들)에서/ 부자들로
모든 세상에서/ 적어도 백년 이상 동안.
골라라Pick/ 너의 가장 중요한 일을/ 그리고 시작해나가라
즉시/ 그리고 나서 단련시켜라/ 스스로를/ 머물 수 있도록/
그것과 함께/ 그것이 끝날 때까지.

당신의 삶을 걸작으로 만들어라; 당신이 되고, 가지고, 하는 데에는 어떤 제한도 없다고 상상하라.

Another habit that you can establish is to become '_____ oriented.' Recognize that everything that you achieve in life is going to be with the _____, or support, or cooperation of other people. So always think, "What is it that other people want and _____ from me? How can I help _____ people, so they'll want to help me back?"

If you are in _____, top sales people think about their customers all the time. They think about who their customers are, and what their customers want, and how they can help them the most, and how they can help them even more _____. In their relationships, successful people are very focused on the most important people in their worlds, _____ personal and in business.

아내
바바라
트레이
함께

briantracy.c

You have great, untapped reserves of potential within you. Your job is to release them.

또 다른 습관은 (그 습관은/ 네가 설정할 수 있게한다) 되는 것이다

"사람People 지향적인." 깨달아라/ 한 문장을/ 모든 것은

(그것을 네가 달성하는/ 너의 삶에서) 될 것이다/ 그

도움help과 함께, 또는 지원, 또는 협력과 함께한/ 다른

사람들의. 그래서 항상 생각해라, "무엇이 그것인지/ 다른

사람들이 원하는/ 그리고 필요하는need/ 나로부터? 어떻게 내가

도울 수 있는지/ 다른 other사람들을? 그러면 그들은 원할 것이다/ 돕는 것

을/ 나를 되갚아서."

네가 영업sales분야에 있다면, 최고의 판매원들은 먼저 생각한다/

그들의 고객들에 대해서/ 항상. 그들은 생각한다/

누가 그들의 고객들인지에 대해, 그리고 무엇을 그들의 고객들이

원하는지, 그리고 어떻게 그들이 도울 수 있는지/ 그들을 가장 많이, 그리고

어떻게 그들이 도울 수 있는지/ 그들을 심지어 더 많이

오늘today. 그들의 관계들에서, 성공적인 사람들은

아주 집중했다/ 그 가장 중요한 사람들에게/ 그들의 세상들에서,

양쪽both 개인적으로 그리고 사업적으로 (모두).

_____ habit you can have is to stay health oriented. Think about your health most of the time. Think about eating best food and _____ food. Think about daily exercise. Think about getting lots of rest. _____, to be successful and (in) our competitive world, you need a lot of energy. To have a lot of energy, you've got to eat good foods, get lots of rest, and exercise all the time.

다섯번째 습관: 정직함

One _____ the most important habits is that of character and honesty, is always tell the truth no matter what the price.

브라이
트레이
저서

briantracy.co

Think continually about what you want, not about the things you fear.

또 하나의Another 습관은 (네가 가질 수 있는) 유지하는 것이다/ 건강

지향적으로. 생각해라/ 너의 건강에 대해 대부분의 시간 동안.

생각해라/ 먹는 것에 대해 가장 좋은 음식을 그리고 더 좋은better 음식을.

생각해라/ 매일의 운동을. 생각해라/ 얻는 것에 대해 많은

휴식을. 기억해라Remember/ 성공적으로 되기 위해서는, 그리고

우리의 경쟁적인 사회에서, 너는 필요하다/ 많은

에너지가. 가지기 위해/ 많은 에너지를, 너는 먹어야 한다/

좋은 음식을, 가져야 한다/ 많은 휴식을, 그리고 운동해야 한다/ 항상.

하나는 가장 중요한 습관들 중의of/ 저것인(습관)

인격과 정직의, 그 인격과 정직은 항상 말하는 것이다/ 진실을/

무슨 값을 치르게 되든지.

두려워하는 것에 대해 생각하지 말고, 지속해서 원하는 것에 대해서만 생각하라,

And the _____ characteristic, the final habit is that of Self-discipline. And I have _____ and spoken upon this for years and years and years, but self-discipline _____ to be the foundation habit that makes everything else possible.

And the best definition of self-discipline is that self-discipline is "the ability to make yourself do, what you should do, when you should do it, whether you feel like it or not." You see anybody can do it if they feel like it. It's when you don't feel like it, and you do it anyway that you eventually develop the self-discipline. That makes you everything else _____.

Thank you for _____. What is the one habit that you should start to develop _____ now that will help you more than any other habit to _____ your most important goals? Whatever it is, start practicing this habit every day until it becomes automatic and easy.

YouTube http://budurl.com/zlsl
Blog http://www.briantracy.com/blog

Decide exactly what you want in every area of your life; you can't hit a target you can't see.

그리고 그 마지막final 특성이자, 그 마지막 습관은/

저것이다/ 자기-단련의. 나는 썼다written/

그리고 말했다/ 이것에 대해/ 수년간/ 그리고 수년간/ 또 수년간 (계속해서),

그러나 스스로-단련하는 것은 보인다seems/ 그 토대가 되는

습관인/ 그 습관은 만든다/ 모든 그밖의 것들이/ 가능하게.

그리고 그 가장 좋은 정의는 (자기-단련의) 한 문장이다/

자기-단련은 "그 능력이다/ 너 자신이 하게 만드는,

무엇을/ 네가 해야하는, 어느 때/ 네가 그것을 해야하는,

네가 하고 싶어하든/ 그것을/ 그렇지 않든." 너는 본다/ 누구든

할 수 있는 것을/ 그것을/ 그들이 하고 싶다면/ 그것을. 그것은(문제는) 네가 하

고 싶지 않을 때이다/ 그것을, 그리고 너는 한다/ 그것을 어쨌든/ 그렇게 함

으로써 네가 결국 발전시킨다/ 그 자기-단련을. 저것은 만든다/ 네가

모든 그밖의 것을 가능하도록possible.

고맙다/ 너에게/ 봐준 것watching 때문에. 무엇이 한가지

습관인가/ 그 습관을/ 네가 시작해야 하는/ 발전시키기를 바로right

지금/ 저것은 도울 것이다/ 너를 더 많이/ 다른 어떤 습관보다/

달성하기achieve 위해 너의 가장 중요한 목표들을.

그것이 무엇이든, 시작해라/ 실행하는 것을/ 이 습관을 매일/

그것이 될 때까지 자동적으로/ 그리고 쉽게.

삶에서 원하는 모든 것을 정확하게 결심해라; 볼 수 없는 과녁을 맞힐 수는 없다.

Steve Jobs

Stanford University

Commencement Address, 2005. 6. 12

TOP 6

스탠퍼드 대학교 졸업 연설

Stay hungry, Stay foolish.

(만족하지 말고) 배고프게 있어라, 어리석게 있어라.

스티브 잡스

애플 대표, 픽사 대표, 사업가, 183cm, 72kg, 1남 1녀 중 첫째
1955.02.24 ~ 2011.10.05

**트라우마에서
기인한 이기주의**

사람들은 자신이 진정으로 원하는 것을 모른다. 그만큼 이기적이
지 않기 때문이다. 생부모로부터, 내가 만든 회사로부터 버려진 것
은 나를 더 이기적으로 만들었다. 그것은 내가 진정으로 원하는 것
에 집중하게 했다. 제품을 만들 때도 현실에 제품을 맞추지 않았
다. 철저히 이상적(이기적)으로 제품에 현실을 맞추었다. 그렇게
애플2, 아이맥, 아이팟, 아이폰 등의 혁신적인 제품을 만들어 냈다

항상 성공했던 것은 아니다. 컴퓨터 '넥스트'를 만들 때였다. 보이
지 않는 곳까지 완벽해야 한다는 집착에 볼트에도 비싼 금도금을
했다. 보이지 않는 케이스의 안쪽에도 무광택 검은색을 입혔다.
1989년, 이정도의 컴퓨터면 6500달러(약700만원)는 받아야 한
다고 생각했다.

하지만 너무 비싼 가격 탓에 적자에 시달렸다. 매달 1만 대를 생산
할 수 있는 공장에서 한 달에 겨우 400대를 팔았다. 이렇게 크게
망하기도 쉽지 않을 것이다. 그래도 남들이 가는 길을 흉내 내면서
비슷한 성공을 하느니, 남들이 가지 않는 길을 가서 크게 성공하거
나 크게 망하는 게 낫다고 생각한다.

내게 버림받은 트라우마가 없었다면, 이렇게 완벽에 집착하거나
이기적이지 않았을 것이다. 그런 행동과 폭언 때문에 많은 사람들
이 상처 입었지만 죽을 때까지 바꾸려고 하지 않았다. 단점을 억지
로 바꿀 필요는 없다. 나쁜 면조차 인정하자. 대신 철저히 이상적
이 되자. 자신을 사랑하자. 그러면 직관이 당신을 이끌 것이다. 사
람들은 당신을 신비롭게 볼 것이다. 무슨 말을 하든 따를 것이다.

델 요캄

무엇을 만들든 완전히 통제하려드는 그의 집착은 출생 직후 버려졌다는 사실
에서 비롯한다고 생각합니다.

빌 게이츠

스티브는 인간에 대해서나 제품에 대해서나 타고난 미의식을 갖고 있습니다.
제가 그 미의식을 가질 수만 있다면 무엇이든 내놓겠습니다.

goo.gl/fs9qiq

20대에는 누구나 고민이 많다. 지금의 선택을 나중에 후회하지 않을지 걱정한다. 꿈꾸던 대기업 취직이 평생의 족쇄로 옭아맬 수도 있고, 어쩔 수 없이 들어갔던 중소기업 취직이 오히려 인생 전반에 도움을 줄 수도 있다.

잡스는 대학교를 중퇴했다. 대부분의 20대가 인간답게 살 수 있는 유일한 방법으로 여기는 '대학 졸업 후 직장 취직'을 포기했다. 하지만 덕분에 듣게 된 서체 강의가 결국 애플을 애플답게 만들었다. 게다가 대학교를 중퇴한 좌절감과 불투명한 미래가 잡스를 더 열정적으로 만들었다.

알 수 없는 힘이 모든 사람을 이끌고 있다고 잡스는 믿었다. 누구나 그것을 겪고 있는 당시에는 큰 그림을 절대 볼 수 없다. 하지만 놀랍게도 시간이 지나면 왜 그 일이 있어야만 했는지 깨닫게 된다.

나(Mike)는 20년간 음악에 매진했지만 잘 풀리지 않았다. 이후에 영어와 디자인도 밑바닥부터 처절하게 배웠지만 역시 잘 풀리지 않았다. 하지만 저를 집필하고, 영어출판을 하게 되자 고생하며 익혔던 것들을 제대로 쓸 수 있게 됐다. 이것이 잡스가 말했던 '연결된 점들'일까?

스탠퍼드에서 연설 중인 스티브 잡스 스탠퍼드 대학

honored	영광인	naively	순진하게
commencement	졸업식	expensive	비싼
dot	점	tuition	등록금
drop out	중퇴하다	value	가치
biological mother	생모(친엄마)	figure out	알아내다
unwed	미혼의	entire	전체의
adoption	입양	scary	무서운
pop out	나오다	required	요구되는, 필수의
unexpected	예상치 못한	dorm	기숙사
graduate	졸업하다	floor	바닥
paper	종이, 서류	deposit	보증금
relent	겨우 동의하다	temple	사원

commencement ❶		❶ 중퇴하다
drop out ❷		❶ 순진하게
deposit ❸		❷ 졸업하다
unexpected ❹		❷ 졸업식
naively ❺		❷ 요구되는, 필수의
graduate ❻		❷ 예상치 못한
dot ❼		❷ 등록금
tuition ❽		❷ 점
required ❾		❷ 알아내다
figure out ❿		❷ 보증금, 저금하다

It is best to admit mistakes quickly, and get on with improving your other innovations.

👑

You trust that the dots are connected.

누가   한다   한 문장을   누가   상태모습   어떤
너는   믿는다/ 한 문장을   그 점들이   연결된다고.

주어-동사-목적어에서 '목적어'자리에 that을 쓰면, '한 문장을'을 의미한다. 관계대명사와 달리 that 뒤에는 완전한 문장이 온다. 그래서 문장의 시작을 알 수 있으므로 that을 생략할 수 있다.

---

1. They decided that they wanted a girl.

   그들은 결심했다/ _____ 그들이 한 여자아이를 _____.

2. My parents promised that I go to college

   나의 부모님들은 약속했다/ _____ 내가 대학에 _____.

3. She felt that I should be adopted.

   그녀는 느꼈다/ _____ 내가 입양_____.

4. It turned out that getting fired was the best thing.

   그것은 밝혀졌다/ _____ 해고당하는 것은 가장 좋은_____.

5. Remembering that I'll be dead is important

   기억하는 것은 (_____ 내가 _____ 것을) 중요하다.

관련단원 4시간에 끝내는 영화영작: 기본패턴 12단원(p.62)
6시간에 끝내는 생활영어 회화천사: 전치사/접속사/조동사/의문문 33단원(p.106)

Words 1/5: 1d 2a 3j 4f 5b / 6c 7h 8g 9e 10i

Grammar Pattern: 1.한 문장을, 원했다고 2.한 문장을, 간다고
　　　　　　　　　3.한 문장을, 되어야 한다고 4.한 문장을, 것이라고
　　　　　　　　　5.한 문장을, 죽을 것이라는

빨리 실수를 인정하고, 다른 혁신을 계속 발전시켜 나가라.

인사

I am honored to be with you _____ for your commencement from one of the finest universities in the world. Truth be told, I never graduated from college. And this is the _____ I've ever gotten to a college graduation. Today I want to tell you three stories from my _____. That's it. No big deal. Just three stories.

첫번째 이야기: 점들의 연결

The _____ story is about connecting the dots.

I dropped out of Reed College after the first 6 months, but then stayed around as a drop-in for another 18 months or so before I really _____. So why did I drop out?

리드 ㄷ
엘리으

스티브 ;
중퇴한
리드 대

위키피디아

I'm as proud of what we don't do as I am of what we do.

나는 영광이다/ 함께해서 너희와 오늘today/

여러분의 졸업식을 위해/ 하나로부터의/ 가장 훌륭한 대학 중의 /

세상에서. 사실이 말해진다면,/ 나는 전혀 졸업하지 않았다/

대학으로부터. 이것이 가장 가깝다closest/ 내가 가 본/

대학교 졸업식에. 오늘/ 나는 말하고 싶다/ 너희에게/

세 가지 이야기를/ 나의 인생life으로부터. 그것뿐이다.

대단한 일(은) 아니다. 딱 세 가지 이야기들(이다).

첫 번째first 이야기는/ 점들의 연결에 관해서이다.

나는 중퇴했다/ 리드 대학을/ 첫

6개월 후에, 그러나 그러고 나서도, 머물렀다/ 주변에/ 청강자로서/

또 다른 18개월가량 이상동안/ 내가 정말로 그만두기quit 전에.

그러면/ 왜 내가 중퇴했을까?

우리가 이루지 못한 것도 이룬 것 만큼이나 자랑스럽다.

It _____ before I was born. My biological mother was a young, unwed college graduate student, and she _____ to put me up for adoption. She felt very strongly that I should be adopted by _____ graduates, so everything was all set for me to be adopted at birth by a _____ and his wife. Except that when I popped out they decided at the last minute that they really wanted a girl. So my parents, who were on a waiting _____, got a call in the middle of the night asking: "We got an unexpected _____ boy; do you want him?" They said: "Of course."

My biological mother found out later that my mother had never graduated _____ college and that my father had never graduated from high school. She 문법refused to _____ the final adoption papers. She only relented a few months later _____ my parents promised that I would go to college. This was the start in my life.

그것은 시작되었다started/ 내가 태어나기 전에. 나의 생

모는/ 한 젊고, 미혼의 대학원

생이었다/ 그리고 그녀는 결정했다decided/ 나를 보낼 것을/

입양을 위하여. 그녀는 느꼈다/ 매우 강력하게/ 한 문장을/ 내가

입양되어야 한다고/ 대학college 졸업자들에 의하여, 그래서 모든 것이

전부 준비되었다/ 나를 위하여/ 입양되기 위하여/ 태어날 때에/ 한

변호사lawyer와 그의 부인에 의하여. (~를 제외하고)/ 내가 나왔을 때,/

그들은 결정했다/ 마지막 순간에/ 한 문장을/ 그들이

정말로 원했다는 것을 제외하고/ 여자아이를. 그래서 나의 부모님들은, (나의

부모님들은/ 대기자 명단list에 있었다), 전화를 받았다/ 그

한밤중에 묻는: "우리가 갖게 됐다/ 예상치 못한

사내 아기baby를;/ 당신은 원하나요/ 그를?" 그들은 말했다: "물론이죠."

내 생모가 알아냈다/ 나중에/ 한 문장을/ 나의

어머니는 전혀 졸업하지 않았다/ 대학으로부터from/

그리고/ 한 문장을/ 나의 아버지는 전혀 졸업하지 않았다/

고등학교로부터. 그녀는 거부했다/ 서명하는sign 것을/ 최종

입양 서류들을. 그녀는 오직 겨우 동의했다/ 몇 달 후에/

나의 부모님이 약속했을 때when/ 한 문장을/ 내가

갈 것이라고/ 대학에. 이것이 그 시작이었다/ 내 인생에서.

---

to+동사만 목적어로 취하는 동사들

advise, afford, agree, aim, allow, ask, cause, compel, convince, decide, desire, enable, encourage, expect, fail, forbid, force, hope, invite, manage, need, offer, order, permit, persuade, plan, pretend, propose, promise, **refuse**, remind, require, serve, tell, want, warn, wish...

남은 인생을 설탕 넣은 물(콜라)을 팔면서 소비하고 싶습니까 아니면 세상을 바꾸고 싶습니까?

And 17 years later I _____ go to college. But I naively _____ a college that was almost as expensive as Stanford, and all of my working-class parents' savings were being _____ on my college tuition. After six months, I couldn't see the value in it. I had no idea what I wanted to _____ with my life and no idea how college was going to help me figure it out. And here I was _____ all of the money my parents had saved their entire life. So I decided to _____ out and trust that it would all work out OK.

첫번째 이야기: 중퇴의 장단점 1

It was _____ scary at the time, but looking back it was one of the best _____ I ever made. The minute I dropped out I could stop taking the required classes that didn't interest me, and begin dropping in on the ones that looked far more interesting. It wasn't all _____. I didn't have a dorm room, so I slept on the floor in friends' rooms, I returned Coke _____ for the 5¢ deposits to buy food with, and I would walk the 7 miles across _____ every Sunday night to get one good _____ a week at the Hare Krishna temple. I loved it.

Design is not just what it looks like and feels like. Design is how it works.

그리고 17년 후,/ 나는 정말 did 갔다/ 대학에. 그러나/

나는 순진하게도 선택했다 chose/ 대학을/ 그 대학은 거의 (~만큼)

비싼/ 스탠퍼드 만큼, 그리고 전부가 (나의 노동자-계급의

부모님들의 모든 모아둔 돈의) 쓰이고 spent 있었다/ 내

대학 등록금에. 6개월 후, 나는 찾을 수 없었다/

그 가치를/ 그것 안에 있는. 나는 몰랐다/ 무엇을 내가 원했는지/ 하기를 do/

인생에서/ 그리고 몰랐다/ 어떻게 대학이

도움을 줄지/ 내가 그것을 알아내는데. 그리고 여기서/ 나는 쓰고 있는 spending

중이었다/ 모든 돈을/ 내 부모님이 저축했었던/ 그들의 평

생동안. 그래서/ 나는 결심했다/ 중퇴하는 drop 것을/ 그리고 믿기를/ 한 문장

을/ 그것은 모두 잘 될 거라고.

그것은 상당히 pretty 무서웠다/ 당시에는, 그러나 되돌아보니/

그것은 하나였다/ 최고의 결정들 decisions 중/ 내가 여지껏 만들었던. 그

순간/ 내가 중퇴했던/ 나는 그만둘 수 있었다/ 수강하던 것을 그 필수

과목들을/ 그 필수과목들은 흥미를 끌지 않았다/ 나에게, 그리고 시작할 수 있

었다/ 청강하는 것에 수업들을/ 그 수업들은 보였다/ 훨씬 더 재미있게.

모든 게 낭만적인 romantic 건 아니었다. 나는 가지고 있지 않았다 기숙사

방을,/ 그래서 나는 잤다/ 바닥에서/ 친구들의 방들의.

나는 반납했다/ 콜라 병 bottles들을/ 5센트 보증금을 위하여/

음식을 사기 위해 (보증금 돈을) 가지고, 그리고 나는 걷곤 했다/ 7마일(11킬로

미터)을/ 마을 town을 가로질러/ 일요일 밤마다/ 얻기 위하여 한 좋은

식사 meal를/ 일주일마다/ 하레 크리슈나 사원에서.

나는 좋아했다/ 그것을.

디자인이란 단지 보기 좋은 게 아니다. 디자인이 물건을 작동시킨다고 할 수 있다.

stumble into	우연히 관여하다	design	구상(하다)
intuition	직관	proportionally	비례적으로
priceless	값진	likely	~하기 쉬운
calligraphy	서예	personal	개인용
label	표	connect	연결하다
calligraph	필체로 쓰다	backward	뒤쪽으로
typeface	서체	somehow	어떻게든
varying	다양하게 하는 것	gut	배짱
combination	조합	confidence	자신감
typography	조판술	loss	상실
subtle	미묘한	early	이른(초기에)
fascinating	매력적인	garage	차고
practical	실용적인	billion	10억

typeface	❶	ⓐ	~하기 쉬운
intuition	❷	ⓑ	연결하다
practical	❸	ⓒ	조합
priceless	❹	ⓓ	직관
subtle	❺	ⓔ	매력적인
label	❻	ⓕ	미묘한
likely	❼	ⓖ	값진
combination	❽	ⓗ	서체
fascinating	❾	ⓘ	실용적인
connect	❿	ⓙ	표

People don't know what they want until you show it to them.

employee	직원	screw up	망치다
release	출시하다	dawn	분명해지다
fired	해고당한	reject	거절하다
hired	고용된, 고용했다	start over	다시 시작하다
talented	재능있는	turn out	드러나다(판명나다)
vision	미래에 대한 상상	heaviness	중압감(부담)
diverge	어긋나다	replaced	대체된
Board of Directors	이사회	period	기간, 시기
publicly	공개적으로	go on	계속 해나가다
adult	성인(의)	feature film	장편 영화
devastating	충격적인	remarkable	주목할만한
previous	이전의	develop	발전시키다
entrepreneur	(벤처) 사업가	current	현재의

fired	❶	❸	공개적으로
employee	❷	❺	주목할만한
hired	❸	❻	해고당한
publicly	❹	❹	거절하다
release	❺	❺	이전의
remarkable	❻	❺	(벤처) 사업가
entrepreneur	❼	❻	고용된, 고용했다
previous	❽	❻	직원
reject	❾	❶	출시하다

Words 2/5: 1h 2d 3i 4g 5f / 6j 7a 8c 9e 10b
Words 3/5: 1c 2h 3g 4a 5i / 6b 7f 8e 9d
당신이 사람들에게 그것을 보여줄 때까지 사람들은 자신이 원하는 것을 모른다.

And much of what I stumbled into by following my curiosity and intuition turned out to be priceless later on. Let me give you one _____.

Reed College at that time _____ perhaps the best calligraphy instruction in the country. Throughout the campus every poster, every label on every drawer, was beautifully _____ calligraphed. Because I had dropped out and didn't have to take the _____ classes, I decided to take a calligraphy class to learn how to do this. I learned about serif and sans serif typefaces, about varying the amount of space between different letter combinations, about what makes great typography great. It was beautiful, historical, artistically subtle in a way that science can't _____, and I found it fascinating.

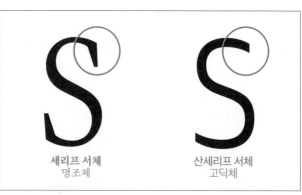

서체
(type
의 비ㅗ

세리프 서체
명조체

산세리프 서체
고딕체

Quality is more important than quantity. One home run is much better than two doubles.

그리고 많은 것이 (내가 우연히 관여했던 무엇의) 따름으로써 나의

호기심과 직관을/ 판명되었다/ 값을 매길 수 없을 정도로(값진) 것으로/

나중에. 내가 주도록 허락해라/ 너희에게 한 가지 예example를.

리드 대학교는/ 그 당시/ 제공했다offered/ 아마도

그 최고의 서예 교육을/ 전국에서.

캠퍼스의 도처에/ 모든 포스터, 모든 표는

(모든 서랍 위의) 아름답게 손hand

필체로 쓰여 있었다. 나는 중퇴했었기 때문에/ 그리고

수강할 필요가 없었기 때문에/ 그 정규normal 수업들을/ 나는 결정했다/

수강하기를 한 서체 수업을/ 배우기 위하여/ 어떻게 하는지를 이것을.

나는 배웠다/ 세리프(명조)와 산 세리프(고딕)서체들에 대하여,

다양하게 하는 것에 대하여 공간의 양을/

다른 글자 조합들 사이에서, 무엇이 만드는지에 대하여

훌륭한 조판술을 훌륭하게. 그것은 아름다웠고, 역사적이었고,

예술적으로 미묘했다/ 어떤 방식에서/ 그 방식을 과학은

포착할capture 수 없다, 그래서 나는 알았다/ 그것이 매력적이라는 것을.

every+단수명사

every나 each는 각각을 일컬어서 전체를 말하므로, 뜻이 '전부'라고
해도, 뒤에 단수명사를 쓰고 단수 취급을 한다. 예문에서 every 뒤에
는 label을 써야지 labels를 쓰면 안 되고, label(단수)을 썼으니 동사는
were이 아니라 was를 쓴 것이다.

양보다 질이 중요하다. 한 번의 홈런이 두 번의 2루타보다 낫다.

None of this had even a _____ of any practical application in my life. But 10 years later, when we were designing the first Macintosh _____, it all came back to me. And we designed it all into the Mac. It was the first computer with beautiful typography. 문법If I had never dropped in on that single course in college, the Mac would've never had multiple typefaces or proportionally spaced fonts. And since Windows just copied the Mac, it's likely that no personal computer would have them.

If I had never dropped out, I would have never dropped in on that calligraphy _____, and personal computers might not have the wonderful typography that they do.

Stanford University Commencement Address, 2005

맥킨토
컴퓨터
M000

1986년
1월 출시
2599달
(약 300
8M CPU
1M 램

위키피디아

　The journey is the reward.

이것 중 어떤것도 가지고 있지 않았다/ 심지어 하나의 희망<u>hope</u>도/ 어떤 실용

적인 적용의/ 내 인생에서. 그러나/ 10년 후에, 우리가

구상 중이었을 때/ 최초의 매킨토시 컴퓨터computer를,

그것은 모두 되돌아왔다/ 나에게. 그리고/ 우리는 디자인했다/ 그것 모두를/

그 맥 안에. 그것은 최초의 컴퓨터였다/ 아름다운

조판술을 가진. 내가 전혀 청강한 적이 없었다면/ 저

단 하나의 과정(수업)을/ 대학에서, 그 맥은 절대 가지고 있지 않았을 것이다/

다양한 서체들이나 비례적으로 간격이 주어지는

글꼴들을. 그리고 윈도우(프로그램)가 단지 맥을 복사(따라)했기 때문에, 그

것(어떤 개인용 컴퓨터들도 그것들을 가지지 않았을 것)은 있음직(확률이 높

았을)하다/

내가 전혀 중퇴하지 않았다면, 나는

청강하려 하지 않았을 것이다/ 서예 수업<u>class</u>을, 그리고

개인용 컴퓨터들은 갖지 못했을지도 모른다/ 그 멋진

조판술을/ 그것들이 가진.

(결과가 어떻든) 여정 자체가 보상이다.

Of course it was _____ to connect the dots looking forward when I was in college. But it was very, very clear looking backward 10 years later.

Again, you can't connect the dots 문법looking forward; you can _____ connect them 문법looking backward. So you have to _____ that the dots will somehow connect in your future. You have to trust in something — your gut, destiny, life, karma, whatever.

Because believing that the dots will connect down the road will give you the confidence _____ follow your heart even when it leads you _____ the well-worn path. And that will make all the difference.

리케츠
애플1
작업
스티브

linustechtip

It's really clear that the most precious resource we all have is time.

물론/ 불가능했다impossible/ 연결하는 것은 그 점들을 /

앞쪽으로 보면서 / 내가 있었을 때/ 대학교에. 그러나, 그것은

매우, 매우 분명했다/ 뒤쪽으로 보면서/ 10년 후에.

다시 한번(달리 말하자면), 너희는 연결할 수 없다/ 그 점들을/ 앞쪽으로 보면

서; 너희는 오직only 연결할 수 있다/ 그것들을/ 보면서

뒤쪽으로. 따라서/ 너희는 믿어야trust만 한다/ 한 문장을/ 그 점들이

어떻게든 연결될 것이라고/ 너희의 미래에. 너희는

믿어야만 한다/ 무언가를—너희의 배짱, 운명, 인생, 업보,

무엇이든지.

믿는 것은 (한 문장을/ 그 점들이 연결할 것이라고/

그 길 아래에서) 줄 것이다/ 너에게 그 자신감을/

따를 수 있는to/ 너의 진심을/ 심지어 그것이 이끌 때도/ 너를/

그 많이 낡은(진부한) 길 밖으로off. 그리고 저것이 만들 것이다/

모든 차이(변화)를.

문장 끝의 분사구문

동사+ing를 문장의 시작이 아니라, 문장의 끝에도 넣을 수 있다. 이 경
우 대부분 '~하면서'로 해석한다.
예문에서는 looking forward: 앞으로 보면서, looking backward: 뒤
로 보면서

우리 모두가 가지는 가장 가치 있는 자원은 바로 시간임이 아주 분명하다.

My _____ story is about love and loss.

I was lucky — I found _____ I loved to do early in life. Woz and I started Apple in my parents' garage when I was 20. We worked hard, and in 10 years Apple had _____ from just the two of us in a garage into a $2 billion company with over 4,000 employees. We just released our finest creation — the Macintosh — a year earlier, and I had just turned 30.

And then I got fired. How can you get fired from a company you started? Well, as Apple grew we hired someone _____ I thought was very talented to run the company with me, and for the first year or so things _____ well. But then our visions of the future began to diverge and eventually we had a falling out. When we did, our Board of Directors sided with him. And so at 30 I was out. And very publicly out. What had been the focus of my _____ adult life was gone, and it was devastating.

Have the courage to follow your heart and intuition. They somehow know what you truly want to become.

나의 두 번째second 이야기는/ 사랑과 상실에 관해서이다.

나는 운이 좋았다 ─ 나는 발견했다/ 내가 사랑했던 무엇을what/ 하기를/
이른(초기의) 인생에서. 워즈(스티브 워즈니악)와 나는 시작했다/ 애플을/ 나의
부모님의 차고에서/ 내가 20살 때. 우리는 일했다/ 열심히, 그리고
10년 후에/ 애플은 성장했다grown/ 단지 우리 둘로부터/
우리 중의/ 한 차고에서/ 20억 달러(약 2조 3천억 원)짜리 회사로/
4,000명 이상의 직원들을 가진. 우리는 막 출시했다/ 우리의 최고의
작품을 ─ 매킨토시라는 ─ 1년 더 전에, 그리고
나는 막 되었다/ 30(살)이.

그리고 나서/ 나는 해고당했다. 어떻게 너희가 해고당할 수가 있을까/ 한
회사로부터/ 너희가 시작했던? 글쎄, 애플이 성장함에 따라/ 우리는 고용했다/
누군가를/ 그 누군가who를 내가 생각했다/ 매우 재능있다고/
그 회사를 운영하기에/ 나와 함께, 그리고/ 그 첫해
정도 동안은/ 상황들이 잘 되어갔다went/. 그러나 그러고 나서/ 우리의 미래
의 꿈들은 시작했다/ 어긋나는 것을/ 그리고 결국에/
우리는 가졌다/ 다툼을. 우리가 그랬을 때,/ 우리 이사회는
편을 들었다/ 그와 함께. 그래서/ 30(의 나이)에/ 나는 쫓겨났다.
그리고/ 매우 공개적으로 쫓겨났다. 초점이 되었던 무엇은
(내 전체entire 성인으로서의 삶의) 사라져버렸다, 그리고 그것은 굉장히
충격적이었다.

용기를 가지고 너의 마음과 직관을 따르라. 그것들은 어떻게든 당신이 진심으로 되고 싶은 것을 안다.

I really didn't know 문법**what to do** for a _____
months. I felt that I had let the previous generation
of entrepreneurs down—that I had dropped
the baton as it was being passed to me.

I _____ with David Packard and Bob Noyce
and tried to _____ for screwing up so badly.
I was a very public _____, and I even thought
about running away from the valley. But something
slowly began to dawn on me—I _____ loved
what I did. The turn of events at Apple had not
changed that one bit. I'd been rejected, but I was
still in love. And so I _____ to start over.

애플
컴퓨터
변천사

linustechtip

Simple can be harder than complex; you have to work hard to get your thinking clean to make it simple.

나는 정말로 몰랐다/ 무엇을 해야 할지를/ 두 세few

달 동안. 나는 느꼈다/ 한 문장을/ 내가 실망시켰다고/ 이전 세대

벤처사업가들을(선배 벤처사업가들)—(느꼈다) 한 문장을/ 내가 떨어뜨렸었

다고 그 배턴(봉)을/ 그것이 건네지고 있었을 때/ 나에게.

나는 만났다met/ 데이비드 패커드(HP 창업자)와 밥 노이스(인텔 창업자)를

그리고 노력했다/ 사과하는apologize 것을/ 엉망으로 만든 것에 대하여 아주

심하게. 나는 매우 공개적인 실패자failure였다, 그리고 나는 심지어 생각했다/

도망치는 것에 대하여 밸리(실리콘 밸리)로부터. 그러나/ 무엇인가가

천천히 시작했다/ 분명해지기를/ 나에게—나는 여전히still 사랑했다/

내가 한 무엇(일)을. 그 전환(예상치 못한 방향의 사건들의)은/ 애플에서/

바꾸지 않았다/ 저것을/ 조금도. 나는 거부당했었다, 그러나 나는

여전히 사랑에 빠진 채 있었다. 그리고 그렇게/ 나는 결정했다decided/ 다시

시작할 것을.

의문사+to+동사

의문사와 to사이에 주어+should가 생략된 것처럼 해석된다. what to
do = what I should do = (내가) 무엇을 해야 할지.

단순한 게 복잡한 것보다 더 어려울 수 있다; 생각을 깨끗하게 해서 단순하게 만들기 위해 노력해야 한다.

I didn't see it then, but 문법it turned out that getting fired from Apple was the best thing that could've ever happened to me. The heaviness of being successful was replaced by the lightness of being a beginner again, less sure about everything. It freed me to enter one of the most creative periods of my life.

_____ the next five years, I started a company named NeXT, another company named Pixar, and fell in love with an amazing woman who would _____ my wife. Pixar went on to create the world's first computer animated feature film, Toy Story, and is now the most _____ animation studio in the world. In a remarkable turn of events, Apple _____ NeXT, and I returned to Apple, and the technology we developed at NeXT is at the heart of Apple's current renaissance. And Laurene and I have a wonderful family together.

Being the richest man in the cemetery doesn't matter to me.

나는 보지 못했다/ 그것을/ 당시에는, 그러나 그것은 드러났다(판명 났다)/

해고된 것이/ 애플로부터/ 최고의 것이었다/ 그것은

일어날 수 있었던/ 나에게. 그 중압감(부담)은/

성공적으로 되는 것의/ 대체되었다/ 가벼움에 의하여/

되는 것의 초심자가 다시, 덜 확신하는/ 모든 것에 대하여.

그것은 자유롭게 했다/ 나를/ 들어가도록 한(때)로/ 가장 창의적인

시기들 중의/ 내 인생의.

그다음 5년이라는 기간 동안During,/ 나는 시작했다/ 한 회사를/

이름 지어진 넥스트라고, 또 다른 회사는 픽사라고 이름지어진, 그리고

사랑에 빠졌다/ 한 놀라운 여자와/ 그 여자는

되었다become/ 내 아내가. 픽사는 계속하여 창조해 나갔다/

세계 최초의 컴퓨터 애니메이션 장편 영화를, 토이

스토리라는, 그리고 이제 가장 성공한successful 애니메이션

스튜디오이다/ 세계에서. 한 주목할 만한 전환점에는/ 사건들의,

애플이 샀(인수했)다bought/ 넥스트를, 그리고 나는 돌아갔다/ 애플로, 그리

고 그 기술은 (우리가 발전시켰다/ 넥스트에서)

심장(핵심)에 있다/ 애플의 현재의 르네상스(부흥)의. 그리고 로렌스와

나는 가지고 있다/ 멋진 가정을 함께.

it(가주어) ~ that(진주어) 구문

주어가 길면 주어 대신 it을 놓고, 그 it이 무엇인지 뒤에서 that+문장
으로 설명한다. it ~ that으로 만들기 전의 문장은 That getting fired
from Apple was the best thing turned out.

(어차피 죽을 것) 묘지에서 가장 부자가 되는 것은 나에게 중요하지 않다.

patient	환자	cancer	암
faith	신념	scan	찾아내는 검사(초음파 등)
have got to	~해야 한다	tumor	종양
settle	안주하다	pancreas	췌장
roll on	계속 굴러가다	incurable	치료될 수 없는
quote	인용구	code	암호
certainly	확실하게	button up	단추를 잠그다
in a row	연속으로	diagnosis	진단
encounter	직면하다	biopsy	조직검사
external	외부의	endoscope	내시경
embarrassment	창피함	intestine	장
trap	덫(함정)	cell	세포
naked	알몸인	sedate	진정제를 주다

trap ❶		ⓐ 직면하다
patient ❷		ⓑ 덫(함정)
naked ❸		ⓒ 알몸인
quote ❹		ⓓ 암
incurable ❺		ⓔ 종양
faith ❻		ⓕ 치료될 수 없는
encounter ❼		ⓖ 진단
tumor ❽		ⓗ 인용구
cancer ❾		ⓘ 환자
diagnosis ❿		ⓙ 신념

Going to bed at night saying we've done something wonderful...that's what matters to me.

microscope	현미경	intuition	직관
turn out	밝혀지다	somehow	어떻게든
curable	치료가능한	secondary	이차적인
face	대면하다	publication	출판물
decade	십 년	fellow	친구(사람)
intellectual	지적인	poetic	시적인
destination	목적지	publishing	출판
invention	발명품	paperback	보급판 책
agent	동인(요인)	idealistic	이상적인
gradually	점차적으로	overflow	넘쳐흐르다
dramatic	극단적인	notion	개념
limited	제한적인	issue	발행물
dogma	도그마(독단적인 신조)	farewell	고별

microscope	❶	ⓐ	제한적인
limited	❷	ⓑ	목적지
decade	❸	ⓒ	어떻게든
invention	❹	ⓓ	보급판 책
turn out	❺	ⓔ	발명품
somehow	❻	ⓕ	고별
destination	❼	ⓖ	현미경
farewell	❽	ⓗ	십 년
paperback	❾	ⓘ	밝혀지다

Words 4/5: 1b 2i 3c 4h 5f / 6j 7a 8e 9d 10g
Words 5/5: 1g 2a 3h 4e 5i / 6c 7b 8f 9d
밤에 자러 가면서 뭔가 멋진 것을 해냈다고 말하는 것이 나에게 중요한 것이다.

I'm pretty sure 문법<u>none of this would've happened if I hadn't been fired from Apple.</u> It was awful tasting medicine, but I guess the patient needed it. Sometimes life's going to hit you in the _____ with a brick. Don't lose faith. I'm convinced that the only thing that _____ me going was that I loved what I did. You've got to find what you love. And that is as _____ for your work as it is for your lovers. Your work is going to fill a _____ part of your life, and the only way to be truly _____ is to do what you believe is great work. And the only way to do great work is to love what you do. If you haven't found it yet, keep _____. And don't settle. As with all matters of the heart, you'll know when you find it. And, like any great relationship, it just gets better and better as the years roll on. So keep looking. Don't settle.

스티브 잡스와 아내 로렌 ㅍ

The people who are crazy enough to think they can change the world are the ones who do.

나는 상당히 확신한다/ 이것의 아무것도 발생하지 않았을 것이다/
만약 내가 해고되지 않았었더라면/ 애플로부터. 그것은 끔찍했다/
약을 맛본다는 것은, 그러나 나는 생각한다/ 그 환자는 필요로 했다고/ 그것
(약)을. 때때로/ 삶은 내리친다/ 너를/ 머리head 속에/
벽돌로. 잃지 마라/ 신념을. 나는 확신한다/ 한 문장을/
그 유일한 것은 (그것은 유지시켰다kept/ 나를 나아가도록) 한 문장이었다/
내가 사랑했다는/ 내가 한 것(일)을. 너희는 찾아야만 한다/ 너희가 사랑하는
무엇(일)을. 그리고 그것은 ~만큼 사실이다true/ 너희들의 일에 대해서/ 그것
이 사실인만큼/ 너의 연인에 대해서도 노력해야 한다. 너희들의 일은 채울 것이
다/ 한 큰large 부분을/ 너희들의 삶의,/ 그리고 유일한 방법은 (진정으로
만족되기satisfied 위한) 하는 것이다/ 무엇을/ 그 무엇을 너희들이 믿는다/
위대한 일이라고. 그리고 그 유일한 방법은 (위대한 일을 하기 위한)
사랑하는 것이다/ 너희가 하는 무엇을. 너희들이 발견하지 못했다면/ 그것을
아직, 계속하라/ 찾는 것을looking. 그리고 안주하지 마라. 모든
마음의 문제들이 그러하듯, 너희들은 알게 될 것이다/ 너희들이 찾았을 때/ 그
것을. 그리고, 그 어떤 위대한 관계처럼, 그것은 단지 점점 더 좋아지게 된다/
그 해(시간)들이 굴러감에 따라(시간이 흐름에 따라). 그러니 계속하라/ 찾는 것
을. 안주하지 마라.

가정법 과거완료

과정법 과거완료는 과거의 사실과 반대이므로, 과거보다 한 시제 뒤인
과거완료(had+과거분사)를 써야 한다.
예문에서는 would have happened (원래 과거완료는 had happened
지만, 앞에 would가 오면서 have happened로 바뀜)과 hadn't been
fired로 과거완료를 표현했다.

세상을 바꿀 수 있다고 미칠 정도로 생각하는 사람이야말로 정말로 세상을 바꾸는 사람들이다.

My third story is about death.

When I was 17, I read a quote that went something like: "If you live each day as if it was your last, someday you'll most certainly be right." It made an impression on me, and since then, for the past 33 years, I have looked in the _____ every morning and asked myself: "If today were the last day of my life, would I want to do what I am about to do today?" And whenever the _____ has been "No" for too many days in a row, I know I need to change something.

Remembering that I'll be _____ soon is the most important tool I've ever encountered to help me make the big _____ in life. Because almost everything — all external expectations, all pride, all fear of embarrassment or failure—these things just fall away in the face of _____, leaving only what is truly important. Remembering that you are going to die is the best way I know to avoid the trap of thinking you have something to _____. You are already naked. There is no reason not to _____ your heart.

Your time is limited, so don't waste it living someone else's life.

나의 세 번째 third 이야기는/ 죽음에 관한 것이다.

내가 17살 때, 나는 읽었다/ 한 문구를/ 그 문구는 흘러갔다/ 어떤 것과
비슷하게: "만약 당신이 매일 day을 산다면/ 마치 그것이 당신의 마지막 last인
것처럼, 훗날/ 당신이 가장 확실하게 옳을 것이다(그릇됨이 없을 것이다)." 그것
은 만들었다/ 인상을/ 나에게, 그래서 그때 이래로, 지난
33년 동안,/ 나는 거울 mirror을 봐 오고 있다/ 매일
아침/ 그리고 나 자신에게 물었다: "만약 오늘이 나의 삶의 마지막
날이라면,/ 나는 하기를 원하는가/ 내가 하려는
것을/ 오늘?" 그리고 그 대답 answer이
"아니오"일 때마다/ 너무 많은 날 동안/ 연속으로,/ 나는 알게 된다/
내가 무언가를 바꿀 필요가 있다는 것을.

기억하는 것은/ 한 문장을/ 내가 곧 죽을 dead 것이라는/
가장 중요한 도구이다/ 내가 그동안 직면한/ 돕기 위해서
내가 큰 결정들 choices을 내릴 것을 / 인생에서. (~하기 때문에) 거의
모든 것은/ ─ 모든 외부의 기대를, 모든 자부심,
창피함에 대한 모든 두려움 또는 실패에 대한 모든 두려움─이러한 것들은
그저 서서히 사라지기 때문이다/ 죽음 death에 직면하여, 남기면서/ 오직
진정으로 중요한 무엇만을. 기억하는 것은 (한 문장을/ 너희들이
죽을 것이라고) 최고의 방법이다/ 내가 아는/ 피하기 위해서 그
덫(함정)을 생각하는 것을 한 문장이라고 너희들이 가진다고/ 잃을 lose만한
무언가를. 너희들은 이미 알몸이다. 이유가 없다/
너희들의 마음을 따라가지 follow 않을.

당신의 시간은 한정되어있다. 그러니 다른 사람의 삶을 살면서 시간을 낭비하지 마라.

Stanford University Commencement Address, 2005

About a year _____ I was diagnosed with cancer. I had a scan at 7:30 in the morning, and it clearly showed a tumor on my pancreas. I didn't even know what a pancreas was. The doctors told me this was almost certainly a _____ of cancer that is incurable, and that I should expect to live no longer than three to six months. My doctor advised me to go home and get my affairs in order, which is doctor's code for _____ to die. It means to try and tell your _____ everything you thought you'd have the next 10 years to tell them in just a few months. It means to make sure everything is buttoned up so that it will be as easy as possible for your family. It _____ to say your goodbyes.

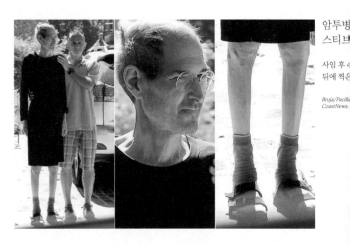

암투병
스티브

사임 후 4
뒤에 찍은

Bruja/Pacific
CoastNews.

We're just enthusiastic about what we do.

약 일 년 전에ago/ 나는

암 진단을 받았다. 나는 가졌다/ 한 찾아내는 검사(초음파 등)를/ 7시 30분에/

아침에, 그리고 그것은 분명히 보여주었다/ 한 종양을/ 내 췌장에서. 나는

심지어 몰랐다/ 무엇이 췌장이었는지를. 그 의사들은 말했다/

나에게/ 이것이 거의 분명히 한 종류type였다고/ 암의/

그 암은 치료될 수 없다고, 그리고 (말했다) 한 문장을/ 내가 예상해야 한다고/ 사

는 것을/ 3~6개월 보다 더 길지 않게. 나의 의사는 조언했다/

나에게/ 집에 갈 것을 그리고 되게(할 것을) 나의 일들을/ 순서대로, 그 말은

의사의 암호이다/ 준비prepare를 위한/ 죽을. 그것은 의미한다/

노력하고/ 말하는 것을/ 너희들의 아이들kids에게/ 모든 것을 (네가 생각했

던/ 네가 가질 것이라고/ 그 다음 10년들을/ 말하기 위해 그들에게) 단지

몇 달 만에. 그것은 의미한다/ 확실히 하는 것을/ 모든 것이

단추로 꽉 잠기는 것이다(복잡한 것을 잘 처리하는)/ (~하도록) 그것이 (만큼)

쉬워지도록 가능한 만큼/ 너희들의 가족을 위하여. 그것은 의미한다means/

말하는 것을 너희들의 작별인사들을.

우리는 단지 우리가 하는 것에 열정적일 뿐이다.

I lived with that diagnosis all day. Later that evening I had a biopsy, where they stuck an endoscope down my throat, through my stomach into my intestines, put a _____ into my pancreas and _____ a few cells from the tumor. I was sedated, but my wife, who was there, told me that when they _____ the cells under a microscope the doctors started _____ because it turned out to be a very rare form of pancreatic cancer that is curable with surgery. I had the surgery and _____ I'm fine now.

This was the closest I've been to facing _____, and I hope it's the closest I get for a few more decades. Having lived through it, I can now say _____ to you with a bit more certainty than when death was a useful but purely intellectual concept.

넥스트
컴퓨터

런던
과학 박물관
Geoff Pugh

Be a yardstick of quality. Some people aren't used to an environment where excellence is expected.

나는 살았다/ 저 진단과 함께/ 온종일. 나중의 저

저녁에/ 나는 가졌다/ 조직검사를, 그 조직검사에서 그들은 쑤셔넣었다 한

내시경을/ 내 목구멍 아래로, 내 위를 통해서

내 장들 안으로, 넣었다/ 바늘needle을/ 나의

췌장 안으로 그리고 얻었다got/ 몇몇의 세포들을/ 그

종양으로부터. 나는 진정제를 맞았다, 그러나 나의 아내는, (그녀는 거기에 있었

다), 말했다/ 나에게/ 한 문장을/ 그들이 봤을viewed 때/ 그 세포들을/

한 현미경 아래로/ 그 의사들은 시작했다고/ 우는 것을crying/

그것은 판명 났기 때문에/ 한 매우 희귀한 형태인 것으로/

췌장암의/ 그 암은 치료 가능하다/ 수술로. 나는 가졌다/

그 수술을/ 그리고 감사하게도thankfully/ 나는 괜찮다/ 이제.

이것(때)이 가장 가까웠다/ 내가 있어 본/ 죽음에death 직면해서,

그리고 나는 희망한다/ 그것이 가장 가까운 것이기를/ 내가 접근한/

수십 년 넘는 시간동안. 살아오면서/ 그것을 지나, 나는 이제 말할 수 있다/

이것this을/ 너희들에게/ 좀 더 확신을 가지고/ (~보다)

죽음이 한 유용하지만 순전히 지적인

개념이었을 때 보다.

품질의 기준이 돼라. 어떤 사람들은 탁월함이 기대되는 환경에 익숙하지 않다.

No one wants to _____. Even people who want to go to heaven don't want to die to get there. And yet death is the destination we all _____. No one has ever escaped it. And that is as it should be, because death is very likely the _____ best invention of life. It is life's change agent. It clears out the old to make way for the new. Right now the new is you, but someday not too long from now, you will gradually become the old and be _____ away. Sorry to be so dramatic, but it is quite true.

Your time is limited, so don't _____ it living someone else's life. Don't be trapped by dogma — which is living with the _____ of other people's thinking. Don't let the noise of others' opinions drown out your own _____ voice. And most important, have the courage to follow your heart and intuition. They somehow already know what you truly want to _____. Everything else is secondary.

Things don't have to change the world to be important.

아무도 원하지 않는다/ 죽는die 것을. 심지어 사람들도 (그 사람들은 원한다/ 가는 것을 천국에) 원하지 않는다/ 죽는 것을/ 거기에 가기 위하여. 그런데도 불구하고/ 죽음은 그 목적지이다/ 우리 모두가 공유하는share. 아무도 탈출한 적이 없다/ 그것을. 그리고/ 저것은 있다/ 그것이 있어야 하는 대로, '죽음'은 매우 그럴싸한 그 단하나single의 최고의 발명품이기 때문이다/ '삶'의. 그것은 '삶'의 변화 동인(요인)이다. 그것은 치운다/ 낡은 것들을/ 자리를 내주기 위하여/ 새로운 것들을 위하여. 바로 지금, 새로운 것들은 여러분이다, 그러나 언젠가 너무 머지않아 지금부터, 여러분은 점차적으로 될 것이다/ 낡은 것들이 / 그리고 치워질cleared 것이다. 미안하다/ 너무 극단적이어서, 그러나 그것은 상당히 진실이다.

너희의 시간은 제한적이다, 그러니 낭비하지waste 마라/ 그것을/ 살면서 누군가 다른 이의 삶을. 덫에 걸리지 마라/ 도그마(독단적인 신조)에 의한 ─그 도그마는 살고 있다/ 그 결과들results과/ 다른 사람들이 생각하는 것의. 허락하지 마라/ 그 소음(다른 이들의 의견들의)이 떠내려 보내는/ 너의 자신의 내면의inner 목소리를. 그리고 가장 중요한 것은, 가져라/ 그 용기를/ 따를/ 너희들의 마음과 직관을. 그것들은 어떻게든 이미 안다/무엇을/ 너희들이 진정으로 원하는 무엇을/ 되기를become. 모든 것은 그 밖의/ 이차적인 것이다.

물건들은 세상이 중요해지도록 변화시켜서는 안 된다.

When I was _____, there was an amazing publication called The Whole Earth Catalog, which was one of the bibles of my _____.
It was created by a fellow named Stewart Brand not far from here in Menlo Park, and he _____ it to life with his poetic touch. This was in the late 1960s, before _____ computers and desktop publishing, so it was all made with typewriters, _____ and Polaroid cameras. It was sort of like Google in paperback form, 35 years before Google came along: It was idealistic, and overflowing with neat _____ and great notions.

Technology is nothing. What's important is that you have a faith in people.

내가 어렸을young 때, 한 놀라운

출판물이 있었다 <그 지구 전체의 안내서>라고 불리는, 그 책은

하나였다/ 그 성경(고전)들 중의/ 나의 세대generation의.

그것은 창조되었다/ 한 친구(사람)에 의하여/ 스튜어트 브랜드라는 이름의/

멀지 않은/ 여기로부터/ 맨로 파크에서, 그리고 그는 가져왔다brought/

그것을/ 생명으로(생기를 불어넣었다)/ 그의 시적인 만짐으로. 이것은 그 늦은

1960년대였다, 개인용personal 컴퓨터들과 탁상(컴퓨터로 하는)

출판 전에, 그래서 그것은 모두 만들어졌었다/ 타자기들,

가위들scissors, 그리고 폴로라이드 카메라들을 가지고. 그것은 일종의

구글 같았다/ 보급판 책의 형태인, 35년/ 구글이

나타나기 전에: 그것은 이상적이었다, 그리고 넘쳐흐르고(있었다)/

깔끔한 도구들tools과 훌륭한 개념들과 함께.

기술은 아무것도 아니다. 정말 중요한 것은 당신이 사람들에게 가진 믿음이다.

Stewart and his _____ put out several issues of The Whole Earth Catalog, and then when it had run its course, they put out a _____ issue. It was the mid-1970s, and I was your _____. On the back cover of their final issue was a photograph of an _____ morning country road, the kind you might find yourself hitchhiking on if you were so adventurous. Beneath it were the words: "Stay _____. Stay _____." It was their farewell message as they signed off. Stay Hungry. Stay Foolish. And I have always _____ that for myself. And now, as you graduate to begin anew, I wish that _____ you.

문법Stay Hungry. Stay Foolish.

Thank you all very much.

지구 전
안내서

tannergoods

My model for business is The Beatles: The total was greater than the sum of the parts.

스튜어트와 그의 팀team은 내놓았다/ 몇몇의 발행물들을/

<그 전체 지구의 안내서>의, 그리고 나서/ 그것이

달렸었을 때 그것의 코스를(갈 데까지 갔을 때), 그들은 내놓았다/ 한 마지막

final 발행물. 그것은 1970년대 중반이었다, 그리고 나는 너희의 나이age

였다. 그 책 뒤표지 위에/ 그들의 마지막 발행물의/ 한

사진이 있었다/ 한 이른early 아침 시골의

도로의, 그런 종류를 여러분이 찾을지도 모른다/ 여러분 자신이 히치하이킹

(차를 얻어 타는)하고 있는 (그 길) 위에서/ 여러분이 아주 모험심이 있다면. 그

것 바로 아래에/ 그 단어들이 있었다: "배고프게Hungry 있어라. 어리석게

Foolish 있어라." 그것은 그들의 고별 메시지였다/ 그들이 끝맺었을 때.

배고프게 있어라. 어리석게 있어라. 그리고 나는 항상

바랐다wished/ 저것을/ 나 자신을 위하여. 그리고 지금, 여러분이

졸업하면서/ 새로이 시작하기 위하여, 나는 바란다/ 저것을/ 여러분을 위하

여for.

배고프게 있어라. 어리석게 있어라.

매우 많이 고맙다/ 여러분 모두에게.

2형식 동사

일반동사(예문에서는 stay) 다음에는 원래 부사가 나와서 동사를 꾸며줘야 하는데, 특이하게 부사가 아니라 형용사로 꾸며줘야 하는 동사들을 2형식 동사라고 한다: become, stay, remain, appear, get, go, grow, turn, taste, look, smell, feel, sound, seem...

내 사업에서 역할 모델은 비틀즈이다: 그 전체는 개개의 합보다 위대하다.

Robert De Niro

TISCH School of the Arts
Commencement Address, 2015. 5. 22.

TOP 7

티쉬 예술 대학교 졸업 연설

Rejection – 'It isn't personal.'

Your battle cry – 'Next!'

거절(의 이유) – '개인적으로 (싫어서가) 아니다.'

당신의 전투에서 외치는 소리 – '(너말고) 다음!'

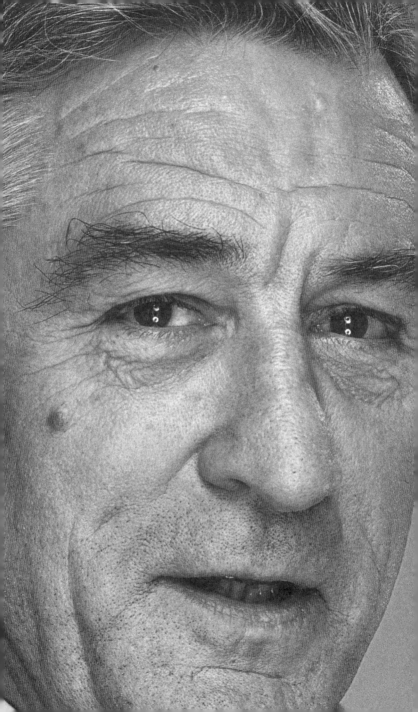

로버트 드 니로

연기자, 영화 감독, 이탈리아계 미국인, 175cm, 75kg, 외동
1943. 8. 17 ~

내면을
그려내는 법

52년간 34편 제작, 98편 출연. 7번의 아카데미(오스카)상 후보, 2번의 수상. 이 정도면 꽤 잘나가지 않니? 역대 미국 배우 11명 안에 드는 기록이야. 어떻게 최고의 배우가 됐는지 알려줄게.

절대 연기하지 않았어. 생각하는 방식까지 그 인물이 되려고 했지. 그 인물로 변신해서 경험하고 내면까지 그려내고 싶었어. 그러려면 외형적인 모습도 똑같이 변해야만 느낌과 행동에 변화가 왔지.

오스카와 골든글로브 남우주연상을 안겨준 <분노의 주먹>을 위해 6개월 만에 27kg을 찌웠고, 영화의 실제 인물인 제이크 라모타 집에 2년간 눌러살았어. <택시 드라이버>를 위해 택시 운전면허를 따고, 몇 주간 뉴욕 시내를 운전했지. 모히칸 스타일로 머리를 밀려고도 했어. <미드나이트 런>을 위해 실제 경찰들과 함께 출동해보고, <디어 헌터>를 위해 철강 타운에 가서 근로자들과 어울렸어. 철강 일을 꼭 해보고 싶었는데 안 시켜주더라고. <대부2>의 비토 역할을 위해 이탈리아의 시실리로 떠나서 토착 방언을 녹취하며 연구했어. 그리고 수십 번 <대부1>을 보며 비토(말론 브란도)의 특징을 익혔지. 덕분에 오스카 남우조연상도 탈 수 있었어.

평생 먹고 살 만큼 돈은 벌었어. 그래도 새 역할을 맡을 때면 자비를 들여 그 인물이 활동했던 지역에 가곤 해. 연기를 통해 다른 사람의 인생을 경험하는 게 너무 재미있어. 나에게 스타가 되는 것은 의미 없어. 기억에 남는 배우가 되고 싶어.

쿠엔틴 타란티노 젊은 감독 지망생들이 스콜세지처럼 되고 싶어하듯이 배우 지망생들은 드 니로처럼 되고 싶어했다. 그의 영화가 나오면 모두들 달려가서 봤다.

스티븐 스필버그 바비(로버트 드 니로)는 마티(마틴 스콜세지)가 영화감독이 되지 않았으면 살았을 일생들을 재현해주고 있는 것 같다.

뉴욕 티쉬 예술대
졸업 축사

쉬이 ★★★
재미 ★★★★★
감동 ★★★
교훈 ★★★

얼마 전 오디션에서 또 떨어졌다. 연기 인생 58년, 이제 익숙해질 때도 됐는데 왜 이렇게 억울하고 슬픈지.

하지만 이런 생각으로 극복할 수 있었다. 그 감독은 나보다 그 영화를 더 사랑할 것이다. 혹시라도 영화가 흥행에 실패한다면, 더 책임져야 하는 만큼 부담도 더 컸을 것이다. 내가 싫어서, 능력이 부족해서 안 뽑은 게 아니라, 단지 그 감독이 그리는 그림에 내가 맞지 않았을 뿐이다.

하나의 일을 제대로 해내기는 참 어렵다. 많은 사람들과의 다른 생각 사이에서 끝없는 실패, 좌절, 갈등을 겪는다. 게다가 사회초년생들은 경험이 없다. 그래서 좋은 생각조차 더욱 쉽게 무시당한다. 그리고 인정하기는 싫지만, 지나서 보면 그 생각 중 대부분은 무시당할 만 했다고 깨닫는다.

그렇다고 취직하지 않고 혼자 시작할 수 있는 일은 드물다. 혼자서 다 할 수 있는 사람들도 대부분 과거에 남들과 함께하며 쌓은 실력으로 혼자 할 수 있게 된 것이다. 그러면 어떻게 해야 될까? 방금 학교 문을 박차고 나왔다고? 이제 당신은 망한 거야. (넌 됐고) 다음 (사람 들어와)!

티쉬 예술대학교 졸업 연설 중인 로버트 드 니로.

dean	학과장	common sense	상식
faculty	교수진	stability	안정
celebrate	축하하다	recognize	알아채다
make it	해내다	trump	능가한다
nursing	간호직	destiny	운명
dentistry	치과학	now that	~하므로
employed	고용된	triumphantly	의기양양하게
covered	덮여진, 보장된	lifetime	일생
shitty	똥같은	inevitable	불가피한
lousy	형편없는	auditioning	오디션보면서
accounting	회계	backer	후원자
passionate	열정적인	choreograph	안무를 만들다
reason	이유, 합리성		

dentistry ❶	ⓐ 열정적인
accounting ❷	ⓑ 축하하다
celebrate ❸	ⓒ 회계
inevitable ❹	ⓓ 해내다
make it ❺	ⓔ 알아채다
recognize ❻	ⓕ 덮여진, 보장된
covered ❼	ⓖ 이유, 합리성
destiny ❽	ⓗ 치과학
reason ❾	ⓘ 불가피한
passionate ❿	ⓙ 운명

Time goes on. So whatever you're going to do, do it. Do it now. Don't wait.

I could have played the part.

누가   한다   무엇을

내가   연기할 수도 있었다/   그 배역을.

과거의 조동사+have+과거분사는 '과거에 ~할 수 있었다'라고 가정하는 것이다. 실제로는 하지 못한 일이다. could have p.p는 '~했을 수도 있다' would have p.p는 '~했을 것 같다'이다.

---

1. I could have lost the job.

   나는 그 직업을 잃_____.

2. I also would have understood it.

   나는 또한 그것을 이해_____.

3. I would have cast it great.

   나는 그것을 대단하게 묘사_____.

4. I never could have imagined. (스티븐 스필버그 6)

   나는 절대 상상_____.

5. Mac would have never had typefaces.

   맥킨토시는 서체들을 절대 가_____. (스티브 잡스 15)

관련단원 4시간에 끝내는 영화영작: 기본패턴 20단원(p.94)
6시간에 끝내는 생활영어 회화천사: 전치사/접속사/조동사/의문문 50단원(p.146)

Words 1/5: 1h 2c 3b 4i 5d / 6e 7f 8j 9g 10a

Grammar Pattern: 1.었을 수도 있다 2.했을 것 같다 3.했을 것 같다
4.할 수도 없었다 5.지지 못했을 것 같다

시간은 계속 흘러간다. 그러니 당신이 무엇을 하려고 했든지, 지금 해라. 기다리지 마라.

졸업 축하인사

Dean Green, deans, University Leadership, faculty, _____, parents, friends, and the 2015 class of New York University's TISCH School of the _____. Thank you for _____ me to celebrate with you today. TISCH graduates, you made it!

예술대학 졸업 후의 암울한 미래 1

And you're fucked. Think about that. The graduates from the college of nursing, they all have _____. The graduates from the college of dentistry, fully employed. The Leonard M Stern School of _____ graduates, they're covered. The School of Medicine graduates, _____ one will get a job. The proud graduates of the NY School of _____, they're covered, and if they're not, who _____? They're lawyers. The English majors are not a factor. They'll be home writing their _____. Teachers, they'll all be working. Shitty jobs, lousy pay, yeah, but _____ working.

You learned the two greatest thing in life, never rat on your friends, and always keep your mouth shut.

그린 학과장님께, 학과장님들, 대학교의 대표, 교수진,

교직원staff, 부모님들, 친구들께, 그리고 2015년 학생들께/

뉴욕 대학교의 티쉬 예술Arts 학교의.

감사드린다/ 당신들에게/ 초대해줘서inviting 나를/ 축하하기 위해/

당신과 함께 오늘. 티쉬 졸업생들, 너희들이 해냈다(그것을 만들어 냈다)!

그리고 너희들은 망했다. 생각해라/ 저것에 대해. 그 졸업생들은/

단과 대학으로부터/ 간호직의, 그들은 모두 가진다/ 직업들jobs을,

그 졸업생들은/ 치과대학으로부터의,

완전히 고용된다. 그레오나드 엠 스턴

경영Business 대학교 졸업생들은, 그들은 보장된다. 그

약학대 졸업생들은, 각자each 모두가 가질 것이다/

한 직업을. 그 자랑스러운 졸업생들은/

뉴욕 법대Law의, 그들은 보장된다, 그리고 그들이 보장되지 않는다면,

누가 신경쓸까cares? 그들은 변호사들이다. 영어

전공자들은 한 취업이 안돼도 신경 쓸만한 요소가 아니다. 그들은 집에 있을 것

이다/ 쓰면서 그들의 소설들을novels. 선생님들은, 그들은 모두 일하는 중일

것이다. 똥 같은 직업들이지, 형편없는 급여에, 그러나 여전히still

일하는 중(일 것이다).

당신은 삶에서 가장 큰 두 가지를 배웠다. 절대 친구들을 배신하지 말아라. 그리고 항상 입을 닫아라.

The graduates in accounting they all have jobs.
Where does that _____ you? Envious of those
accountants, I doubt that. They had a _____.
Maybe they were passionate about accounting,
but I think it's more _____ that they used
reason and logic and common sense to reach for a
_____ that could give them the expectation
of _____ and stability.
Reason, logic, common sense?
At the TISCH School of Arts?
Are you kidding me?

예술대학을 선택한 이유

But you didn't have that choice, did you? You
discovered a _____, developed an ambition
and recognized your _____. When you
feel that you can't fight it, you just go with it.
When it comes to the arts, passion should always
trump common sense. You aren't just following
_____, you're reaching for your destiny. You're
a dancer, a singer, a choreographer, a musician, a
film maker, a writer, a _____, a director,
a producer, an actor, an _____. Yeah, you're
fucked!

Better to be king for a night than a schmuck for a lifetime.

그 졸업생들은/ 회계 분야의/ 그들은 모두 가지고 있다/ 직업들을.

어디(상황)에서 저것(저런 사실)이 너를 남겨leave 두었는가? (너희를) 부러

워할지/ 저 회계사들이, 나는 의심스럽다/ 저것이. 그들은 가졌다/ 한 선택

choice을. 아마도 그들은 열정적이었다/ 회계일에 관해서,

그러나 나는 생각한다/ 그것은 더욱 더 한 문장하기 쉽다likely/ 그들은 사용했

다고/ 이성과 논리를 그리고 상식을/ 닿기 위해/ 한

직업 경력career을 위해/ 그 직업은 줄 수도 있다/ 그들에게 그

성공success의 기대감을/ 그리고 안정을.

이성, 논리, 상식이라고?

티쉬 예술 학교에서?

너는 나한테 농담하는 중이니?

그러나 너는 가지지 않았다/ 저 선택을, 그러지 않았는가? 너는

발견했다/ 한 재능talent을, 발전시켰다/ 한 야망을/

그리고 알아챘다/ 너의 열정passion을. 네가

느낄 때/ 한 문장을/ 네가 싸울 수 없다고/ 그것과, 너는 단지 간다/ 그것과 함께.

특히 예술에 관해서는, 열정은 항상

능가한다/ 상식을. 너는 단지 따르는 중이 아니다/

꿈들을dreams. 너는 도달하는 중이다/ 너의 운명을 위해. 너는

한 무용수이고, 한 가수이고, 한 안무가이고, 한 음악가이고, 한

영화 제작자이고, 한 작가이고, 한 사진작가photographer이고, 한 감독이고,

한 제작자이고, 한 연기자이고, 한 예술가artist이다. 그렇다, 너는

망했다!

하룻밤 동안 왕이 되느니 평생 이상한 놈으로 사는 게 낫다.

TISCH School of the Arts Commencement Address, 2015

The good news is that that's not a bad place to
_____. Now that you've made your choice, or
rather, succumbed to it, your path is _____.
Not easy but clear. You have to keep working, it's
that _____. You got through TISCH, that's a
big deal, or to put it another way, you got through
TISCH, big deal.

Well, it's a _____. On this day of triumphantly
graduating a new door is _____ for you.
A door to a lifetime of rejection. It's inevitable.
It's what graduates call 'the real world.' You'll
experience it auditioning for a _____ or a
place in a company. It'll happen to you when
you're looking for backers for a _____. You'll
feel it when doors close on you when you're trying
to get _____ for something you've
written, and when you're looking for a directing or
choreographing job.

When you love someone you gotta trust them, you gotta give them the key to everything that's yours.

그 좋은 소식은 한 문장이다/ 저것이 한 나쁜 장소는 아니다/
시작하기start 위해서. (~하기 때문에) 네가 만들었기 때문에/ 너의 선택을,
또는 차라리, 굴복했기 때문에/ 그것에, 너의 길은 명백하다clear.
쉽지 않다/ 그러나 명백하다. 너는 유지해야 한다/ 일하는 것을, 그것은
저렇게 간단하다simple. 너는 통과해(냈)다/ 티쉬를. 저것이 한 대단한
것이다. 또는 놓는다면 그것을 다른 방식(억양)으로, 너는 통과 해(냈)다/
티쉬를, 이것이야 말로 큰일 났다.

글쎄, 그것은 한 시작start이다. 이날에/ 의기양양하게 졸업하는
것의/ 한 새로운 문을/ 한 새로운 문은 열리는 중이다opening/ 너를 위해.
그것은 한 문이다/ 한 평생동안의 거절이라는. 그것은 불가피하다. 그것은
무엇이다/ 그 무엇을 졸업생들은 부른다/ '그 실제 세상'이라고. 너는
경험할 것이다/ 그것을 오디션 보면서/ 한 부분part을 위해/ 또는 한
장소를 위해/ 한 회사 안의. 그것은 발생할 것이다/ 너에게/
네가 찾는 중일 때/ 후원자들을 한 계획한 일project을 위해. 너는
느낄 것이다/ 그것을/ 문들이 닫혀질 때/ 너에게/ 네가 노력하는 중일 때
얻기 위해/ 관심attention을/ 무언가를 위한/ 네가
썼던, 그리고 네가 찾고 있을 때/ 한 감독하거나
안무를 만드는 직업을.

누군가를 사랑하게 되면 그를 신뢰하게 되고, 그에게 당신이 가진 모든 것으로 가는 열쇠를 주게 된다.

cope with	대처하다	mean	의미하다
vicodin	비코딘(진통제)	career	일
commencement	졸업	though	~하지만
pitching	조정하는 중인	fellow	동료
hell out of	굉장한	mostly	대부분
bang	올리다	apply	적용하다, 지원하다
eventually	결국	comparable	비슷한
director	감독	start out	처음 시작하다
producer	제작자	hired	고용된
auditioning	오디션하는 것	fit	딱 맞는다
look for	찾다	refer	언급하다
pretty	상당히	agreed	동의했다

eventually ❶		ⓐ 대처하다
hired ❷		ⓑ 동의했다
producer ❸		ⓒ 제작자
cope with ❹		ⓓ 감독
mostly ❺		ⓔ 적용하다, 지원하다
director ❻		ⓕ 결국
apply ❼		ⓖ 대부분
career ❽		ⓗ 찾다
look for ❾		ⓘ 일
agreed ❿		ⓙ 고용된

If you don't go, you'll never know.

nowhere	어디에도 없는	compromise	타협(하다)
bottom line	핵심	production	제작사
play	연극	democracy	민주주의
individuality	개성	obdurate	고집부리는
contribution	기여	stage	무대
costume	의상	direction	방향
choreographer	안무가	advice	조언
title	직함, 제목	expected	기대되는
respect	존중(하다)	set	놓았다
probably	분명히	accounting	회계
assume	생각한다	degree	학위
role	역할		

degree ❶		ⓐ 개성
play ❷		ⓑ 직함, 제목
respect ❸		ⓒ 연극
costume ❹		ⓓ 존중(하다)
compromise ❺		ⓔ 분명히
individuality ❻		ⓕ 의상
role ❼		ⓖ 타협(하다)
probably ❽		ⓗ 역할
title ❾		ⓘ 학위

Words 2/5: 1f 2j 3c 4a 5g / 6d 7e 8i 9h 10b
Words 3/5: 1i 2c 3d 4f 5g / 6a 7h 8e 9b
가보지 않고는 절대 알 수 없다.

How do you cope with it? I _____ that valium and vicodin work! Nyah, I dunno. You can't be too _____ and do what we do. And you don't wanna _____ the pain too much. Without the pain, what would we talk about? (Though I) I would make an _____ for having a couple of drinks, if hypothetically, you had to speak to a thousand graduates and their families at a commencement ceremony.

TISCH School of the Arts Commencement Address, 2015

분노의 포스터

로버트 드 에게 아ㅋ 남우 주의 안겨주었

우측의 등 모습이 ㅅ 찌웠을 ㄸ 모습.

1980
Tom Jung

The hardest thing about being famous is that people are always nice to you.

어떻게 너는 대처할 것이가/ 그것에? 나는 들었다<u>hear</u>/ 바륨(신경 안정제)

그리고 비코딘(진통제)이 효과가 있다! 메롱, 나도 잘 몰라. 너는 너무

진정될<u>relaxed</u> 수 없다/ 그리고 무엇을 (할 수 없다)/ 우리가 하는 (그 무엇을).

그리고 너는 원하지 않(을 것이)다/ 막는 것<u>block</u>을/ 그 고통을 너무 많이.

그 고통 없이, 무엇에 관해 우리는 말하겠는가?

나는 만들려고 한다/ 한 예외<u>exception</u>를/ 가지는 것으로 두 잔의

술을 마시는 척하며, 가정한다면, 너는 말해야 했다고/

천 명의 졸업생들과 그들의 가족들에게/

한 졸업식에서.

유명해지는 것의 가장 힘든 점은 모든 사람들이 항상 당신에게 좋게 대한다는 것이다.

TISCH School of the Arts Commencement Address, 2015

Rejection might sting, but my feeling is that it _____ has very little to do with you. When you're auditioning or pitching the director or producer or investor may just have something or someone different in mind, that's just how it is. That happened to me _____ when I auditioned for the role of Martin Luther King in Selma. Which was too bad because I could have _____ the hell out of that part. I thought that it was _____ for me. But the director had something different in _____. And you know, she was right. It seems the director is always right. Don't get me wrong, David O'Yelowo was _____. I don't think that I would have cast it great but..

마틴 투
Jr.(좌)·
데이브
오예로
(우)

마틴 루터
역을 맡았
데이비드
오예로우

afterthealta

There is only one way to gain access to the truth and that is to not expect anything.

거절은 찌르는(아픈) 것일지도 모른다, 그러나 나의 기분은 한 문장이다/ 그것은

종종often 가진다고/ 거의 관계가 없다/ 너에게.

네가 오디션 보는 중이거나 조정하는 중이다/ 감독이나 제작자와/ 또는

투자자는 단지 가지는 중일지도 모른다/ 어떤 것이나 어떤 사람을

(당신의 생각과) 다른/ 마음 안에, 저것은 단지 그것이 어떤지이다.

저것은 발생했다/ 나에게 최근에recently/ 내가 오디션봤을 때/

그 역할을 위해/ 마틴 루터 킹의/ 셀마(지역)에서. 그것은

너무 아쉬웠다/ 내가 할played 수도 있었기 때문에/ 그 굉장한

저 배역을. 나는 생각했다/ 그것이 써졌다고written/

나를 위해. 그러나 그 감독은 가졌다/ 어떤 다른 것을/

마음에mind. 그리고 너는 안다, 그녀가 옳았다/ 그것은 보인다/

그 감독은 항상 옳다고. 오해하지 마라,

데이비드 오예로워는 멋졌다great. 나는 생각하지 않는다/ 내가

묘사할 것 같다고/ 그것을 멋지게 그러나..아쉽다

진실에 접근하는 단 한 가지 방법은 어떤 것도 기대하지 않는 것이다.

I got two more stories, these really _____.
I _____ for Bang The Drum Slowly, seven
times. The first two of the three times I read for
the role of Henry Wiggins, the part eventually
_____ by Michael Moriaty. I read for the
director, I read for the producer, then they had
me back to read for another part, the _____
of Bruce Pearson, I read for the director, I read
for the producer, I read for the producer and his
_____, I read for all of them together. It was
almost like as long as I kept auditioning, they
would have time to find someone they liked more.
I don't know _____ what they were looking
for, but I'm _____ I was there when they
didn't find it.

대야망
DVD ⊼

dvd-covers.c

Whenever there is any doubt, there is no doubt.

나는 가졌다/ 두개의 더 많은 이야기들을, 이것들은 진짜 발생했다happened.

나는 읽었다read/ '그 북을 느리게 울려라(대야망)'를 위해, 일곱

번을. 그 처음 세 번 중 두 번은/ 내가 읽었을 (때)/

그 배역을 위해/ 헨리 위긴스의, 그 배역은 결국

연기됐다played/ 마이클 모리아티에 의해. 나는 읽었다/ 그

감독을 위해, 나는 읽었다 그 제작자를 위해, 그러고 나서 그들은 가졌다/

내가 돌아가서/ 읽도록/ 또 다른 하나의 배역을 위해, 그 역할role인/

브루스 피어슨의, 나는 읽었다/ 그 감독을 위해, 나는 읽었다/

그 제작자를 위해, 나는 읽었다/ 그 제작자와 그의

아내wife를 위해, 나는 읽었다/ 그들 모두를 위해. 그것은

거의 ~같았다/ 내가 유지하는 동안/ 오디션 하는 것을, 그들은

가지려고 했다/ 시간을/ 찾기 위해 누군가를/ 그들이 좋아할(만한) 더 많이.

나는 알지 않았다/ 정확히exactly 무엇을 그들이 찾는 중인지,

그러나 나는 기뻤다glad/ 내가 거기 있어서/ 그들이

찾지 못했을 때/ 그것을.

오디션 탈락의 경험 2

Another time I was auditioning for a play, they kept having me back and I was pretty _____ I had the part, and then they went with a name.

I _____ losing the job, but I understood.

I could just as have easily lost the job to another no name actor, and I also would have understood. It's just not _____. It can really mean nothing more than the director having different _____ in mind.

모히칸
머리로
분장한
로버트
드 니로

1976
택시 드라이버

TISCH School of the Arts Commencement Address, 2015

You don't need words to express feelings.

또 한번, 나는 오디션 보는 중이었다/ 한 연극을 위해, 그들은

유지했다/ 다시 가지는 것을 내가/ 그리고 나는 상당히 확신했다sure/ 내가 가

졌다고/ 그 배역을, 그리고 나서 그들은 갔다/ 한 이름과 함께.

나는 증오했다hated/ 잃는 것을/ 그 일을, 그러나 나는 이해했다.

나는 단지 쉽게 잃을 수도 있었다/ 그 직업을/ 한

이름 없는 배우에게, 그리고 나는 또한 이해하려고 했다. 그것은

단지 개인적인personal (이유가) 아니다. 그것은 정말 의미할 수 있다/ 아무것

도아닌 것을/ (~보다 더) 그 감독이 가지는것보다 더 다른 하나의 형태type

를/ 마음 안에.

감정을 표현하기 위해 말할 필요는 없다.

TISCH School of the Arts Commencement Address, 2015

You'll get a lot of direction in your careers, some
of them from directors, some from studio heads,
some from money people, some from writers,
though usually they'll try to keep the writer at
a _____. And some from your fellow
artists. I love writers, by the way, I keep them on
the set all the time.

거절에 대처하는 자세 2

Listen to all of it, and listen to yourself. I'm mostly
going to talk about these ideas in movie actor
terms, but I _____ this applies to all of you.
You'll find comparable _____ in all the
disciplines. The way the director gets to be right is
(that) you help him or her be right. You may start
out with different ideas, the director will have a
vision, you will have ideas about your _____.
When you're a young actor starting out, your
opinions may not be _____ as much as they
will (be) later on in your career. You've been hired
because the director _____ something in
your audition, your reading, in you that fit their
_____. You may be given the _____
to try it your way, but the final decision will be the
director's.

You don't always have to have the answer to everything.

너는 가질 것이다/ 많은 지시 사항을/ 너의 일 안에, 그것들 중 몇몇은/

감독들로부터, 몇몇은 제작 우두머리들로부터,

몇몇은 돈 가진 사람들로부터, 몇몇은 작가로부터,

보통 그들은 시도하려고 하겠지만/ 두기 위해/ 그 작가를/

멀리distance에. 그리고 (지시 사항 중에) 몇몇은 너의 동료

예술가들로부터. 나는 사랑한다/ 작가들을, 어쨌든, 나는 유지한다/ 그들을

세트장에 있도록 항상.

귀 기울여라/ 모두에게/ 그것의, 그리고 귀 기울여라/ 너에게. 나는 대부분

말할 것이다/ 이 생각들에 대해/ 영화배우

용어들로, 그러나 내 생각에think/ 이것은 적용된다/ 너희들 모두에게.

너는 찾을 것이다/ 비슷한 상황들situations을/ 모든

규율들에서. 그 방법은 (그 감독이 옳아야만 한다는)

한 문장이다/ 너를 도울 것이다/ 그나 그녀가 옳도록. 너는 처음 시작할 것 같

다/ 다른 생각들과 함께, 그 감독은 가질 것이다 한

상상을, 너는 가질 것이다/ 생각들을/ 너의 특징character에 대해.

네가 한 젊은 배우라면/ 처음 시작하는, 너의

의견들은 신뢰 받지 trusted 않을지도 모른다/ ~만큼 많이/ 그들이

나중에 할 것처럼 많이/ 너의 경력에서. 너는 고용되었다/

그 감독이 봤기saw 때문에/ 무언가를/

너의 오디션 안에서, 너의 대본 읽는 것 안에서, 네 안에서 저것이 딱 맞는다/ 그

들의 컨셉concept에. 너는 주어질 것 같다/ 그 기회opportunity가/

시도할 그것을 너의 방식으로, 그러나 그 마지막 결정은 그

감독의 것이다.

모든 것에 항상 답변해야 할 필요는 없다.

Later in your _____ when there's a body of work to refer to, they may be more trust from the director but it's pretty much the same thing. You may have more opportunities to _____ it your way, and you may think the director has agreed to your take, agreed your take is the best, but if it's a movie, you'll be nowhere near the editing room where the director makes the final _____. It's best when you can work it out together.

티쉬 ○
대학교

2011. 3. 30,
Beyond
My Ken

위키피디아

I never walk into a place I don't know how to walk out of.

나중에 너의 경력career에서/ 한 작품이 있을 때/

언급할만한, 그들은 더욱 신뢰할 것 같다/ 그 감독으로부터

그러나 그것은 상당히 많이 똑같은 것이다. 너는

가질 것 같다/ 더 많은 기회들을/ 시도할try 수 있는

그것을 너의 방식으로, 그리고 너는 생각할 것 같다/ 그 감독이

동의했다고/ 너의 장면을, 동의했다고 너의 장면이 그 최고의 것이라고,

그러나 그것이 한 영화라면, 너는 어디에도 없을 것이다/ 그

편집실 근처에서/ 그 감독이 만드는 곳인/ 그 마지막

결정decision을. 그것이 가장 좋은 때이다/ 네가 해결할 수 있을 때/

함께.

내가 어떻게 빠져나올지 모르는 장소 안으로는 절대 들어가지 않는다.

TISCH School of the Arts Commencement Address, 2015

As an actor, you always want to be _____ to your character and be true to _____. But the bottom line is, you got the part. And that's very _____. As a director or a producer you also have to be true to yourself, and to the work. A film a dance a play, they are not tents where artists get to play and _____ their individuality, they're works of art that depend on the contributions and collaboration of a group of artists. And it's a big group, that includes production and costume designers, directors of photography, makeup and hair, stage _____, assistant directors, choreographers et cetera et cetera many more (the) I could name but I won't now. Everyone plays an important part, an _____ part. A director, or a producer, choreographer or company artistic director – these are powerful _____. But the power doesn't come from the title. The power comes from trust, respect, vision, work and again _____. You'll probably be harder on yourself than any director. I'm not going to tell you to go easy on yourselves, I assume you didn't _____ this life because you thought it would be easy. You may have to answer to a director for a job but you _____ have to answer to yourself. This could create _____ for you. You want

한 연기자로서, 너는 항상 원한다/ 진실된true 것을/

너의 역할에/ 그리고 진실된 것을/ 너 자신에게yourself. 그러나 그

핵심은, 너는 가졌다/ 그 부분을. 그리고 저것은 매우

중요하다important. 한 감독이나 제작자로서 너는 또한

진실되야 한다/ 너 자신에게, 그리고 일에. 한 영화와

한 춤과 한 연극, 그것들은 텐트들이 아니다/ 그곳에서 예술가들이

연기하고/ 표현한다express/ 그들의 개성을, 그것들은

작품들이다/ 예술의/ 그 예술은 달려있다/ 그 기여하는 것들과

협력에/ 한 예술가들 집단의. 그리고 그것은 한

큰 집단이다, 저것은 포함한다/ 제작사와 의상

디자이너들을, 사진 감독들을, 화장과

머리 (미용사들), 무대 관리자들managers, 보조 감독들,

안무가들 그밖에 그밖에 더욱 많은 것들을 아는

내가 이름댈 수 있다/ 그러나 나는 하지 않을 것이다 지금은. 모두들은 한다/ 한

중요한 역할을, 한 필수적인essential 부분을. 한 감독,

또는 한 제작자, 안무가 또는 회사 예술

감독 — 이것들은 힘 있는 자리들positions이다. 그러나

그 힘은 오지 않는다/ 그 직함으로부터. 그 힘은

온다/ 신뢰, 존중, 상상, 작품 그리고 또다시

협력collaboration으로부터. 너는 분명히 더 어려울 것이다/ 너 자신에게/

어떤 감독에게보다. 나는 말하지 않을 것이다/

너에게/ 가는 것을 쉽게/ 너 자신에 대해, 나는 생각한다/ 네가

고르지pick 않았다고/ 이 삶을/ 네가 생각했기 때문에/ 그것이

쉬울 것 같다고. 너는 대답해야 할 것 같다/ 한 감독에게/

한 직업을 위해/ 그러나 너는 또한also 대답해야한다/ 너 자신에게.

이것은 만들 수도 있다/ 갈등들conflicts을/ 너에게. 너는 원한다/

to play the role your way and the director has a different _____. Discuss it with the director, maybe there's a compromise, there always should be the space to try _____ ways. But don't make... don't make a production... but don't make ... don't make a production out of it (I guess it's some typo here) because it's not a democracy.

On the set, or on the stage, someone has to make the final decision. Someone has to _____ it all together — that's the director. So don't be obdurate. No one's going to see you do it in the (quote, and quote and quote) "_____ way" if you're not on stage or in the movie.

I can answer the question that's on all of your minds right now. Yes, it's too late to change your _____ to directing.

티쉬 ㅇ
대학교

2015
tisch.nyu.ec

There's nothing more ironic or contradictory than life itself.

연기하기를/ 그 역할을 너의 방식으로/ 그리고 감독은 가진다/ 한

다른 생각idea을. 논의해라/ 그것을/ 그 감독과 함께,

아마도 한 타협이 있을 것이다, 항상

그 공간 (여지)이 있다/ 시도하기 위한/ 그 두both 방법을. 그러나

만들지 마라... 만들지 마라/ 한 제작사를... 그러나 만들지 마라...

그러나 만들지 마라 한 제작사를/ 그것 밖으로 (내 추측으로는 여기에 오타가

있다(오타가 있어서 잠깐 말을 멈췄다)) 그것은 민주주의가 아니기 때문이다.

세트장에서, 또는 무대에서, 누군가는 만들어야 한다/

그 마지막 결정을. 누군가 당겨야pull 한다/ 그것을 모두

함께ㅡ 저것은 그 감독이다. 그래서 고집부리지 마라.

어느 누구도 보지 않을 것이다/ 네가 한다고 그것을/ 그 (인용해라, **그리고 따

옴표와 따옴표**를 사용해서) "옳은right 방법"으로/ 네가 아니라면/

무대 위나 영화 안에서가 아니면.

나는 대답할 수 있다 그 질문을/ 그 질문은 모든 것에 있다/ 너의

마음의/ 바로 지금. 그렇다, 그것은 너무 늦었다/ 바꾸기에는 너의

전공major을/ 감독하는 것으로.

While _____ for my role today, I asked a few TISCH students for suggestions for this _____. The first thing they said was keep it _____. And they said it's okay to give a bit of advice, it's kind of expected and no one will _____. And then they said, to keep it short.

It's difficult for me to come with advice for you who have _____ set upon your life's work, but I can tell you some of the things I tell my own children. First, _____ you do, don't go to TISCH School of the Arts. Get an accounting degree instead.

대부2:
비토

이 영화도
오스카
남우조연
받는다.

*1972
대부2*

   Passion should always trump common sense.

(내가) 준비하는preparing 동안/ 나의 역할을 오늘, 나는 물어봤다/ 두세 명의 티쉬 학생들에게/ 제안들을 위해/ 이 연설speech을 위한.

그 첫 번째 것은/ 그들은 말한/ 유지하는 것이다/ 그것(연설)을 짧게short. 그리고 그들은 말했다/ 그것이 좋다고/ 주는 것이 한 작은 조언을, 그것은 종류이다/ 기대되는/ 그리고 누구도 꺼려하지mind 않을 것인. 그러고 나서 그들은 말했다, 유지하라고/ 그것을 짧게.

그것은 어렵다/ 나에게/ 오는 것은 조언과 함께/ 너를 위한/ 그녀는 이미already 놓았다/ 너의 삶의 일을, 그러나 나는 말할 수 있다/ 몇 가지를/ 그것들 중에/ 나는 말한다/ 내가 가진 아이들에게. 먼저, 무엇을whatever 네가 하든, 가지 마라/ 티쉬 예술 학교에. 얻어라/ 한 회계 학위를 대신에.

contradict	모순되다	as long as	~하는 한은
corny	진부한	straight	계속되는, 곧은
urge	충고하다	ups	올라가는 것들
bold	대담한	rocking	흔들리는
nurture	보살피다	printed	인쇄된
burning	타오르는	motto	좌우명
entire	전체의	mantra	만트라(불교의 주문)
piece	작품, 조각	gig	(임시) 일
critic	비평가	guy	남자애
distracted	주의를 빼앗긴	choice	선택
commitment	헌신	attend	참석하다
by the way	그건 그렇고	matter	이유, 문제가 되다

bold	❶	ⓐ	좌우명
matter	❷	ⓑ	보살피다
contradict	❸	ⓒ	모순되다
motto	❹	ⓓ	헌신
urge	❺	ⓔ	대담한
commitment	❻	ⓕ	비평가
nurture	❼	ⓖ	주의를 빼앗긴
distracted	❽	ⓗ	참석하다
attend	❾	ⓘ	충고하다
critic	❿	ⓙ	이유, 문제가 되다

You'll have time to rest when you're dead.

senior	(대학교) 4학년	impression	인상
class	학급	mohawk	모호크(머리 모양)
craft	기술	detail	세부사항
trust	신뢰하다	right after	바로 뒤에
encourage	격려하다	false	거짓인
sense	느낌	kicking	(공을 차듯) 논의하는 중인
collaborator	협력자	give it one shot	한번 해보다
repertoire	목록, 레퍼토리	collaboration	협력
continue	지속하다	hang out	어울려 놀다
treasure	보물	pause	정지시키다
association	연관	accomplishment	성취
shift	변화	performing	공연하는 것

association ❶		ⓐ 격려하다
craft ❷		ⓑ (대학교) 4학년
impression ❸		ⓒ 연관
detail ❹		ⓓ 변화
encourage ❺		ⓔ 기술
shift ❻		ⓕ 세부사항
pause ❼		ⓖ 인상
collaboration ❽		ⓗ 정지시키다
senior ❾		ⓘ 협력

Words 4/5: 1e 2j 3c 4a 5i / 6d 7b 8g 9h 10f
Words 5/5: 1c 2e 3g 4f 5a / 6d 7h 8i 9b

죽으면 당신은 쉴 시간이 있을 것이다.

Then I contradict myself, and as corny as it sounds like tell them don't be afraid to _____. I urge them to take chances, to keep an open mind, to welcome new experiences and new ideas. I tell them that if you don't go, you'll never know. You have to have them. You just have to be bold and go out _____ and take your chances. I tell them that if they go into the arts, I hope they find a nurturing and challenging _____ of like-minded individuals, a place like TISCH. If they find themselves with the talent and the burning _____ to be in the performing arts, I tell them when you collaborate, you try to make everything better but you're not responsible for the entire project, only your part in it. You'll find yourself in movies or dance pieces or plays or concerts that turn out in the eyes of critics and audiences to be _____, but that's not on you, because you will put everything into everything (that) you do. You won't judge the characters you play, and shouldn't be distracted by judgments on the works you are in. Whether you are working for Ed Wood or Federico Fellini or Martin Scorsese, your commitment to your _____ will be the same.

There's no place like New York. It's the most exciting city in the world now.

그런 뒤/ 나는 모순되었다/ 내 자신이, 그리고 (~만큼) 진부했다/ 그것이 소리

나는 것처럼 말했다/ 그들에게 두려워하지 말라고/ 실패하는fail 것을. 나는 충

고했다/ 그들이 가져가는 것을 기회들을, 유지하는 것을 한 열린 마음을,

환영하는 것을 새로운 경험들을/ 그리고 새로운 생각들을. 나는 말한다/

그들에게/ 한 문장을/ 네가 가지지 않는다면, 너는 절대 모를 것이다. 너는

그것들을 가져야만 한다. 너는 단지 대담해져야 한다/ 그리고

나가야 한다/ 저there 밖으로/ 그리고 가져가(야 한다)/ 너의 기회들을. 나는

말한다/ 그들에게/ 한 문장을/ 그들이 간다면/ 예술들 안으로, 나는 소망한다/

그들이 찾기를/ 한 보살피고 도전적인 공동체community를/ 비슷한-뜻의

(잘 맞는) 개인들의, 한 장소인/ 티쉬학교 같은. 그들이

찾는다면/ 그들 스스로를/ 그 재능과 함께/ 그리고 그 타오르는

열망desire(과 함께) 그 공연 예술에서, 나는 말한다/ 그들에게/

네가 협력할 때, 너는 시도해라/ 만드는 것을/ 모든 것을

더 낫게/ 그러나 너는 책임이 없다/ 그 전체의

일을 위해, 오직 너의 부분이다/ 그것 안에서의. 너는 찾을 것이다/ 너 자신을/

영화들 안에서/ 춤 작품들 (안에서)/ 연극들 (안에서)/ 또는 공연들 (안에서)/

저것은 밝혀질 것이다/ 그 눈들 안에서/ 비평가들의/ 그리고 청중들의/

나쁘다고bad, 그러나 저것은 너에 대한 것이 아니다.

너는 놓을 것이기 때문이다/ 모든 것을/ 네가

하는 모든 것 안으로. 너는 판단하지 않을 것이다/ 그 인물들을/ 네가 연기하는,

그리고 주의를 빼앗기지 마라/ 비평들에 의해/ 그

작품들에 관한/ 네가 참여한. 네가 일하는 중이든/ 에드

우드를 위해서나/ 페데리코 펠리니를 위해서나/ 마틴 스콜세지를 위해서나,

너의 헌신은/ 너의 과정process으로의/ 같을 것이다.

지금 전 세계에서 뉴욕처럼 흥미진진한 도시는 없다.

TISCH School of the Arts Commencement Address, 2015

By the way there will be times when your best isn't good enough. There can be many _____ for this, but as long as you give your _____, it'll be okay. Did you get straight As at school? If so, good for you, congratulations, but in the real world you'll never get straight As again. There are ups and there are downs. And what I want to say to you today is that it's okay. _____ of rocking caps and gowns today I can see all of you graduating in custom TSOA T-shirts. On the back is printed, '_____ — It isn't personal.' And on the front — your motto, your mantra, your battle cry, 'Next!' You didn't get that part, that's my point, 'Next', you'll get the next one, or the next one after that. You didn't get that _____ job at the White Oak tavern, next! You'll get the next one, or you'll get the next gig tending bar at Joseph's. You didn't get into Juilliard? Next! You'll get into Yale or TISCH. You guys like that _____, so it's okay.

If it's the right chair, it doesn't take too long to get comfortable in it.

그건 그렇고/ 몇 번은 그럴 것이다/ 너의 최선이

충분히 좋지 않을 (때가). 많은 이유들reasons이 있다/

이것을 위해서는, 그러나 네가 주는 한은/ 너의 최선best을, 그것은

괜찮을 것이다. 네가 얻었는가/ 계속되는 A학점만/ 학교에서?

그렇다면, 잘했다/ 너를 위해, 축하한다. 그러나 실제

세계에서/ 너는 절대 얻지 못한다/ 계속되는 A학점들을 다시는.

올라가는 것들이 있고, 내려가는 것들이 있다. 그리고 무엇을 내가 원한다/

말하기를/ 너에게 오늘/ 한 문장이다/ 그것은 괜찮다고.

흔들리는 모자(졸업모)와 가운들 대신에Instead 오늘/ 나는 볼 수 있다/ 너희

들 모두를/ 졸업하는 중인/ 주문 제작된 TSOA 티셔츠를 입은. 뒤쪽에는

인쇄됐다, '거절Rejection — 그것은 개인적인 (이유가) 아니다.' 그리고

앞쪽에는 — 너희의 좌우명, 너의 만트라(불교의 주문), 너의

전쟁 울음을, '다음!'(이라는) 너는 얻지 못했다/ 저 부분을, 저것은 나의

관점이다, '다음', 너는 얻을 것이다/ 그 다음의 것을, 또는 그 다음의

것을/ 저것 다음에. 너는 얻지 못했다/ 저 식당 종업원waiter's의 직업을/

그 화이트 오크 술집에서, 다음! 너는 얻을 것이다/ 그 다음 것을,

또는 너는 얻을 것이다 그 다음 (임시) 일을 술집에서 시중드는/ 조셉(술집)에

서. 너는 가지 않았다/ 줄리아드(음대)로? 다음! 너는 갔다/

예일 또는 티쉬 학교로. (혹시 기분 나쁠까봐) 너희들은 좋아한다/ 저 농담

joke을, 그래서 그것은 괜찮다.

그것(사람이든 일이든)이 딱 맞는 의자라면, 그것이 편안하다고 깨닫기까지 오래 걸리지 않는다.

TISCH School of the Arts Commencement Address, 2015

No, of course choosing TISCH is _____ choosing the arts. It isn't your first choice, it's your _____ choice. I didn't attend TISCH or for that matter any college, or my senior year of high school, or most of the junior year... still I've felt like part of the TISCH community for a long time. I grew up in the same _____ as TISCH. I've worked for a lot of people who have attended TISCH, _____ Marty Scorsese, Class of '64. As you learn your craft together you come to trust each other and _____ on each other. This encourages taking creative _____, because you all have the sense that you're in it together. It's no surprise that we often work with the same people over and over. I did eight pictures with Marty, and plan to do more. He _____ about twenty five with his _____, Thelma Schoonmaker, who he met at TISCH when she worked on his student film in the _____ of '63. Other directors — Cassavetes, Fellini, Hitchcock, came back to the same collaborators over and over, almost like a repertoire company. And now David O Russell and Wes Anderson are continuing that _____.

I admired Marlon Brando, Montgomery Clift, Barbara Harris. and Greta Garbo.

아니다. 물론 고르는 것은 티쉬학교를/

고르는 것 같다like 그 예술을. 그것은 너의 첫 번째 선택이 아니다. 그것은

너의 단 하나only의 선택이다. 나는 참석하지 않았다/ 티쉬 학교에/ 또는

저런 이유를 위해 어떤 대학교를, 또는 나의 4학년을 고등

학교의, 또는 대부분의 그 3학년의... 여전히 나는 느꼈다/

일부인 것 같은/ 그 티쉬 공동체의/ 오랫동안.

나는 자라왔다/ 그 같은 이웃neighborhood안에/ 티쉬로서의.

나는 일했다/ 많은 사람들을 위해/ 그 사람들은 출석했다/

티쉬에, 포함하면서including 말티 스콜세지를, 64년도 학급(입학생)인.

네가 배울 때/ 너의 기술을 함께/ 너는 와서/ 신뢰한다

서로서로를/ 그리고 의지한다depend/ 서로서로를. 이것은

격려한다/ 가져가는 것을 창의적인 위험들risks을, 너희

모두가 가지기 때문에/ 그 느낌을/ 그 느낌은 너희들이 그것 안에 있다/ 함께.

그것은 놀랍지 않다/ 우리가 종종 일한다는 것은/ 그 같은 사람들과 함께/

계속 또 계속해서. 나는 했다/ 8개의 영화들을 마티와 함께, 그리고

계획한다/ 하기를 더 많이. 그는 했다did/ 25개 쯤을/

그의 편집자editor와, 셀마 스쿤메이커라는, 그녀를

그는 만났다/ 티쉬에서/ 그녀가 일했을 때/ 그의 학생

영화에서/ 그 여름summer에/ 63년도에. 다른 감독들은 —

카나벳츠, 펠리니, 히치콕(이라는), 돌아왔다/ 그

같은 협력자들에게 계속 또 계속해서, 거의 한

목록의 회사 같다. 그리고 지금 데이비드 오 러셀과

웨스 앤더슨은 지속하는 중이다/ 저 전통tradition을.

내가 존경하는 배우는 말론 브란도, 몽고메리 클리프트, 바바라 해리스, 그리고 그레타 가르보이다.

TISCH School of the Arts Commencement Address, 2015

Treasure the associations and _____ and working relationships with the people in your classes in your early work. You never know what might come from them. There could be a major creative shift or a small _____ that could make a major impression. In Taxi Driver, Marty and I wanted Travis Bickle to cut his hair into a mohawk. An important character detail, but I couldn't do it because I _____ long hair for The Last Tycoon that was starting right after Taxi Driver, and we knew a false Mohawk would look, well, false. So we were kicking it around one day at lunch and we decided to give it one shot with the very best _____ artist at the time, Dick Smith. If you saw the movie, you'll know that it _____. And by the way, now you know it wasn't real.

마틴
스콜세
감독(
로버트
드 니

마틴 스
감독과
수많은
함께 했

indiewire.c

It's important not to indicate. People don't try to show their feelings, they try to hide them.

보물로 여겨라/ 저 연관들을 그리고 우정들friendships을

그리고 업무 관계들을/ 사람들과의/ 너의

수업들 안에서/ 너의 이른 작품 안의. 너는 절대 모른다/ 무엇이

가져올지도 모른다고/ 그것들로부터. 한 중요한

창조적인 변화 또는 한 작은 세부사항detail들이 있을 수도 있다/ 그것은 만들

수도 있다/ 한 주된 인상을. '택시 운전사' 안에서, 마티와 나는

원했다/ 트레비스 비클이/ 자르는 것을 그의 머리를/ 모호크(머리 모양)로.

한 중요한 인물의 특징(이다), 그러나 나는 할 수 없었다/ 그것을

내가 필요했needed었기 때문이다/ 긴 머리를/ '라스트 타이쿤' 때문에/

저것은 시작하는 중이다/ 택시드라이버 바로 뒤에, 그리고 우리는

알았다/ 한 거짓 모호크(머리 모양)는 보일 것 같다고, 잘, 거짓으로. 그래서

우리는 (공을 발로 차듯) 논의하는 중이었다/ 그것을/ 어느 날/ 점심에 그리고

우리는 결정했다/ 한 번 해보는 것을/ 그 바로 최고의

화장makeup 예술가와 함께/ 그때에, 딕 스미쓰라는. 네가 봤다면/

그 영화를, 너는 알 것이다/ 한 문장을/ 저것이 효과적worked이었다고. 그리

고 어쨌든, 지금 너는 안다/ 그것이 진짜는 아니었다고.

Friendships, good working relationships, collaboration, you just never know what's going to happen when you get together with your _____ friends. Marty Scorsese was here _____ year _____ to your 2014 graduates. And now here I am, here we are, on Friday, at a kind of super sized _____ of one of Alison's student lounge hangout sessions. You're here to pause and celebrate your accomplishments so far, as you move on to a _____ and challenging future. And me — I'm here to hand out my pictures and _____ to the directing and producing graduates.

I'm excited and honored to be in a room of young _____ who make me hopeful about the future of the performing and media arts and I know you're going to _____ it, all of you.

Break a leg!

Next!

Thank you.

우정들과, 좋은 업무 관계들,

협력, 너는 단지 절대 모른다 / 무엇이 일어날 것인지 /

네가 생길 때 / 함께 / 너의 창조적인creative

친구들과. 마티 스콜세지는 여기 있었다 / 작last년에

말하speaking면서 / 너희의 2014년 졸업생들에게. 그리고 지금

여기 내가 있다, 여기 우리가 있다, 금요일에, 한 종류의

특대 크기화된 형태version로 / 한 명의 / 앨리슨의 학생

휴게실의 어울려 노는 만남들의 (형태로). 너는 여기 있다 / 정지시키기(쉬기) 위

해 / 축하하기 (위해) 너의 성취들(졸업)을 지금까지,

네가 계속 간다면 / 한 풍요로운rich 그리고 도전적인 미래로.

그리고 나는—나는 여기 있다 / 건네기 위해 나의 사진들을 /

그리고 이력서들resumes을 / 그 연출하고 제작하는

졸업생들에게.

나는 신나고 영광스럽다 / 한 방에 있어서 / 젊은

창조적인 일을하는creators 사람들의 / 그 사람들은 만든다 / 나를 희망적으

로 / 그 미래에 대해 / 그 공연과 (대중) 매체 예술들의 / 그리고 나는 안다 /

너는 해낼make 것이라고, 너희들 모두가.

행운을 빈다!

다음!

감사한다 / 당신에게.

재능은 선택에 (달려) 있다.

Steven Spielberg

Harvard University
Commencement Address, 2016. 5. 26.

TOP 8

하버드 대학교 졸업 연설

Listen to your internal whisper.

당신 안의 속삭임(직관)에 귀를 기울여라.

스티븐 스필버그

미국 영화감독, 각본가, 영화 프로듀서, 172cm, 90kg, 1남 1녀중 첫째
1946. 12. 18. ~

일은
나를 만드는
작업!

일이란 '정체성'이다. 어렸을 때 왕따를 당하며 외로웠고, 유대인임을 부끄럽게 생각했다. 아버지가 주신 카메라로 영화 만드는 일에 몰입하니 외로움도 잊고 잘 할 수 있겠다는 자신감이 생겼다.

카메라는 부끄럽게 여겼던 나의 뿌리에 대한 영화를 만들게 했다. 1993년 제2차 세계 대전 당시 수많은 유대인들을 구한 독일사람 쉰들러의 이야기 <쉰들러리스트>를 통해 인간의 존엄성을 말하고 유대인들의 고통과 아픔을 함께 나누고자 했다.

일이란 '치유의 과정'이다. 어머니는 누나 같았고 아버지는 일 중독이셨다. 두 분은 이혼하셨고 나는 모든 이유를 아버지 탓이라며 내내 미워했다. 분노와 화가 나를 지배했다. 그런 내 마음이 초기의 영화 '죠스'와 'E.T.'에 고스란히 담겼다. 나중에 어머니의 외도로 이혼하셨음을 알았지만, 여전히 아버지를 미워했다. 그러나 그 일은 내가 인생에서 가장 후회하는 일이었다.

오랜 시간 후에, 아버지에게 손을 내밀었고 아버지도 나를 안아주셨다. 그 후 <라이언 일병 구하기>에서 밀러 대위에 아버지를 투영하여 원망과 용서의 메시지를 담았다. 오래도록 나를 붙잡고 있던 아버지로 인한 응어리진 마음이 풀리는 순간이었다. 나의 일은 나를 치유하였고 내 마음에 평화를 가져왔다.

일이란 '도전'이다. 어렸을 때 아버지를 따라 밤하늘의 쏟아지는 유성우를 바라보며 '우주'를 발견했을 때처럼, 매 영화를 통해 새로운 세상을 발견한다. 돈은 내 관심사가 아니다. 해리포터와 스파이더맨의 제작을 제안받았지만 거절했다. 둘 다 경이적인 성공을 이룰 거라 예상했지만, 비슷한류의 영화를 이미 만들었기에 더 이상 나의 흥미를 끄는 도전이 되는 작품이 아니었다.

여러분이 하고 있는 일 또는 하고자 하는 일은 여러분에게 무엇을 의미하는가. 저마다 자기의 길이 있다. 꿋꿋이 그 길을 걷길 바란다. 여러분만의 영화는 이미 시작되었다. 레디~ 액션!

goo.gl/fs9qiq

하버드 대학교
졸업 연설

놀이 ★★★★
재미 ★★★
감동 ★★★★
교훈 ★★★

왜 우리는 좀비처럼 핸드폰을 손에서 내려놓지 못하는가? 자기 확신이 없어 선택에 대한 불안감을 떨쳐내지 못하기 때문이다. 그리고 쏟아지는 정보 속에서 남의 말에 의존하기 때문이다. 벌써 20년이 넘도록 남의 얘기만 듣고 길을 걸어왔는지도 모른다. 공부도 학교도 전공도 회사도 심지어 결혼에 이르기까지 말이다.

우리는 내면의 소리를 들을 기회가 적다. 그저 남들이 저 봉우리가 좋다더라 하면 꼭 거기를 넘어야 할 것처럼 달려가고 있다. 어느새 목표만 있고 나는 없다. 목표가 내가 되어 버린 것이다. 그렇기에 목표를 달성하면, '나'라는 존재는 의미를 잃고 아무런 이유도 모른 채 올라야만 하는 또 다른 봉우리를 찾는다.

모든 사람은 존재 자체만으로도 소중하고 빛나는 것인데, 목표를 달성하는 것이 존재 이유가 되어 버렸다. 그러니 목표를 달성하고 나면 존재 이유를 잃어버리고 방황하고 괴로워한다.

자신을 잃어버린 우리는 다른 사람과의 관계 맺기도 쉽지 않다. 처음에는 상대방에게 나를 맞추며 최대한 잘 보이려 하지만, 시간이 지날수록 가면을 쓴 자신의 모습에 불편해진다. 하지만 자기의 모습을 잃어버렸기에 어떤 모습으로 돌아가야 할지도 모른다. 그런 과정에서 우리는 서로에게 상처를 준다. 상처를 주고 있음은 알지만 관계회복의 방법은 모른다. 관계 맺기의 문제는 바로 자신에게 있음에도 만남과 헤어짐만 반복하고 있다.

스티븐 스필버그는 여러분의 직관, 내면의 소리를 듣는 것의 중요함에 대해 얘기한다. 어떻게 진정한 나를 찾고, 더 성숙한 관계를 맺을 수 있을까?

president	총장, 대통령	unit	단위
address	연설하다	figure out	알아내다
alumni	졸업생들	defining	정의하는 중인
kvelling	자랑스레 웃고있는	familiar	익숙한
congratulating	축하하는 것	force	힘, 강요하다
graduation	졸업	mission	임무
sophomore	2학년	pile	더미
enroll	등록하다	handful	줌
eventually	결국	moment	순간
insist	주장하다	string	끈
earn	획득하다	trained	훈련된
add	더하다	professor	교수
paleontology	고생물학	mentor	선배

mentor	❶	ⓐ	주장하다
address	❷	ⓑ	알아내다
insist	❸	ⓒ	익숙한
graduation	❹	ⓓ	선배
familiar	❺	ⓔ	등록하다
figure out	❻	ⓕ	훈련된
add	❼	ⓖ	졸업
enroll	❽	ⓗ	더하다
trained	❾	ⓘ	힘, 강요하다
force	❿	ⓙ	연설하다

You shouldn't dream your film. You should make it!

I have promised my kids.

누가   한다   누구에게

나는 과거에 약속해서 현재 약속한 상태이다/ 나의 아이들에게.

have+과거분사는 과거의 일이지만, 그일을 해본적이 있는 현재에 더 관심이
있을 때 쓴다. 정확한 해석은 '과거에~해서 현재 ~한 상태이다.'이다. 하지만
이 책의 연설문에서 그렇게 해석하지는 않았다.

1.Stories have been told.

이야기들이 _____.

2.My parents have faced.

나의 부모님들이 _____.

3.The work hasn't even begun.

그 일은 심지어 _____.

4.Jews have left Europe to find higher ground.

유태인들이 더 높은 지대의 땅을 찾기 위해 _____.

5.I haven't walked the walk.

나는 그 걸음을 _____.

관련단원 4시간에 끝내는 영화영작: 기본패턴 17단원(p.78)
6시간에 끝내는 생활영어 회화천사: 전치사/접속사/조동사/의문문 44단원(p.132)

Words 1/1: 1d 2j   3a 4g 5c /   6b 7h 8e 9f 10i
Grammar Pattern: 1.과거에 말해져서 현재 말해진 상태이다. 2.과거에
직면해서 현재 직면한 상태이다. 3.과거에 시작하지 않아서 현재 시작하
지 않은 상태이다. 4.과거에 유럽을 떠나서 현재 유럽을 떠난 상태이다
5.과거에 걷지 않아서 현재 걷지 않은 상태이다.

당신의 영화를 꿈꾸지만 말고, 직접 만들어야 한다.

인사

Thank you, thank you, President Faust, and Paul Choi, thank you so much.

It's an honor and a thrill to address this group of distinguished alumni and supportive friends and kvelling parents. We've all gathered to share in the _____ of this day, so please join me in congratulating Harvard's Class of 2016.

37년 걸린 대학 졸업

I can remember my _____ college graduation, which is easy, since it was only 14 years ago. How many of you _____ 37 years to graduate? Because, like most of you, I began college in _____ teens, but sophomore year, I was offered my dream job at Universal Studios, so I _____ out. I told my parents "if my movie _____ didn't go well, I'd re-enroll."

It _____ all right.

I don't dream at night, I dream at day, I dream all day. I'm dreaming for a living.

고마워요, 고마워요, 파우스트 총장님, 그리고 폴

최, 고마워요 아주 많이.

그것은 한 영광honor이다/ 그리고 한 설렘(이다)/ 연설하는 것이 이 집단의

뛰어난 졸업생들에게 그리고 도와주는 친구들 그리고

자랑스레 웃고 있는 부모님들(에게). 우리는 모두 모였다/ 나누기 위해/

그 기쁨joy 안에서/ 이날의, 그래서 부디 나와 함께해라/

축하하는 것 안에서 하버드의 동기 졸업생들을/ 2016년의.

나는 기억할 수 있다/ 내 자신의own 대학교 졸업을,

그것(기억하는 것)은 쉽다, 그것은 단지 14년 전이었기 때문이다. 얼마나

많이(몇 명이나)/ 너희 중의/ 37년이 걸렸나took/ 졸업하기 위하여?

왜냐하면, 대부분의 너희들처럼, 나는 시작했다/ 대학교를/

나의my 10대에, 그러나 2학년에, 나는 제안 받았다/

나의 꿈의 직업을/ 유니버설 스튜디오에서, 그래서 나는 중퇴dropped

했다. 나는 말했다/ 나의 부모님들에게/ 나의 영화 일career이

잘 안 된다면, 나는 다시-등록하겠다고.

그것은 모두 잘 되었다went.

나는 밤에 꿈꾸지 않는다, 나는 낮에 꿈꾼다. 나는 하루 종일 꿈꾼다. 나는 먹고 살기 위해 꿈꾸는 중이다.

But eventually, I _____ for one big reason. Most people go to college for an education, and some go for their _____, but I went for my kids. I'm the father of seven, and I kept insisting on the importance of going to college, but I hadn't walked the walk. So, in my fifties, I re-enrolled at Cal State — Long Beach, and I earned my _____.

I just have to add: It helped that they gave me course credit in paleontology for the work I did _____ Jurassic Park. That's three units for Jurassic Park, thank you.

Well I _____ college because I knew exactly what I wanted to do, and some of you know, too — but some of you don't. Or _____ you thought you knew but are now questioning that choice. Maybe you're sitting there trying to figure out how to tell your parents that you want to be a _____ and not a comedy writer.

Mentoring someone is not creating them in your own image, but giving them the opportunity to create themselves.

그러나 결국, 나는 돌아왔다returned/ 하나의 큰 이유 때문에.

대부분의 사람들은 대학에 간다/ 한 교육을 위하여, 그리고

몇몇은 간다/ 그들의 부모님들parents을 위하여, 그러나 나는 갔다/ 나의

아이들을 위하여. 나는 그 아버지이다/ 일곱(자녀)의, 그리고 나는 계속하여 주

장했다/ 그 중요성에 관하여/ 대학 가는 것의, 그러나 나는

걷지 않았었다/ 그 걸음(대학교를 졸업)을. 그래서, 나의 50대에, 나는 재등록을

하였다/ 캘리포니아 주립 대학교에ー롱 비치(캠퍼스)의, 그리고 나는 획득했

다/ 나의 학위degree를.

나는 단지 덧붙여야만 한다: 그것은 도왔다/ 한 문장을/ 그들은 주었다고/ 나에

게/ 학과목 점수를/ 고생물학에서/ 그 일 때문에/ 내가 했던/

쥬라기 공원(공룡 영화)에서on. 저것은 3 단위들이다(3학점)/

쥬라기 공원 덕분에, 고마워요.

글쎄요 나는 떠났다left/ 대학을/ 내가 정확히 알았기 때문에/

무엇을 내가 원했는지를/ 하기를, 그리고 너희 중의 몇몇은 안다,

또한ー그러나 몇몇은/ 너희들의/ 아니다(알지 못한다). 또는 아마도maybe 너

희는 생각했다/ 너희가 알았다고/ 그러나 지금은 의문을 갖고 있는 중이다/ 저

선택을. 아마도 너희는 앉아있는 중이다/ 거기에서/ 노력하면서/ 알아내는 것

을/ 어떻게 말해야 할지를 너희들의 부모님들에게/ 한 문장을/ 너희가 원한다

고/ 되기를/ 한 의사doctor가 그리고 한 코미디 작가가 아니라.

조언하는 것은 당신의 생각대로 그들을 창조하는 것이 아니다. 그들 스스로를 창조할 수 있는 기회를 주는 것이다.

Well, what you choose to do _____ is what we call in the movies the 'character-defining moment.' Now, these are moments you're very familiar with, like in the last Star Wars: The Force Awakens, when Rey realizes the force is with her. Or Indiana Jones choosing mission over fear by jumping over a pile of _____.

Now in a two-hour movie, you get a handful of character-defining moments, but in real life, you _____ them every day. Life is one strong, long string of character-defining moments.
And I was lucky that at 18 I knew what I _____ wanted to do. But I _____ know who I was. How could I? And how could any of us? Because for the first 25 years of our _____, we are trained to listen to _____ that are not our own. Parents and professors fill our heads with wisdom and _____, and then employers and mentors take their place and explain how this world _____ works.

All of us every single year, we're a different person. I don't think we're the same person all our lives.

글쎄요, 무엇은 (그 무엇을 너희들이 선택한다/ 하기를 다음에next) 무엇이다/

그 무엇을 우리가 부른다/ 그 영화들에서/ 그 '캐릭터를 정의하는 순간'이라고.

이제, 이것들은 순간들이다/ 너희들이 매우 익숙한,

그 마지막 스타워즈에서처럼: 그 깨어난 포스(The Force Awakens),

레이가 깨달았을 때/ 그 힘이 그녀와 함께 있다고. 또는 인디애나 존스가/

선택하고 있(을 때) 임무를/ 공포를 넘어서/ 뛰어넘기를 함으로써/ 한 더미

를/ 뱀들snakes의.

지금/ 두-시간의 영화에서, 너는 얻는다/ 한 줌을/

캐릭터를-정의하는 순간들의, 그러나 실제의 삶에서, 너는

마주한다face/ 그것들을 매일. 삶은 하나의 강하고, 긴

끈이다/ 캐릭터-정의하는 순간들의.

그리고 나는 운이 좋았다/ 18살에at/ 내가 알아서/ 무엇을 내가

정확히exactly 원했는지를/ 하기를. 그러나 나는 몰랐다didn't/

누구였는지를 내가. 어떻게 (알) 수 있었겠는가/ 내가? 그리고 어떻게 (알) 수 있었

겠는가/ 우리 중 어떤 이가? (~때문에) 그 첫 25년 동안/ 우리의 삶들lives의,

우리는 훈련되었기 때문에/ 듣는 것을/ 목소리들을/ 그 목소리들voices은

우리의 자신의 것이 아닌. 부모님들과 교수님들은 채운다/ 우리의 머리들을/

지혜와 정보information를 가지고, 그러고 나서 고용주들과

선배들이 차지한다/ 그들의 자리를/ 그리고 설명한다/ 어떻게 이

세계가 정말로really 작동하는지를.

우리 모두는 매년 다른 사람이다. 나는 우리가 생애 내내 같은 사람이라고 생각하지 않는다.

authority	권위	in tandem	나란히
doubt	의심(하다)	shout	소리지르다
creep	기다	whisper	속삭이다
nod	고개를 끄덕이다	character	특성, 성격
along	~을 따라서	tune into	~로 맞추다
repressing	억누르는 중인	pull	당기다
echo	메아리	turn away	돌아서다
internal	내면의	escapist	현실도피주의자
audible	들을 수 있는	dismiss	묵살하다, 해고하다
noticeable	알아챌 수 있는	reflect	반영하다
attention	주의	deeply	깊이
intuition	직관	celluloid	셀룰로이드
conscience	양심	worldview	세계관

conscience ❶		ⓐ 양심
echo ❷		ⓑ 억누르는 중인
attention ❸		ⓒ 주의
authority ❹		ⓓ 속삭이다
audible ❺		ⓔ 나란히
internal ❻		ⓕ 묵살하다, 해고하다
repressing ❼		ⓖ 메아리
whisper ❽		ⓗ 내면의
in tandem ❾		ⓘ 들을 수 있는
dismiss ❿		ⓙ 권위

Whether in success or in failure, I'm proud of every single movie I've ever directed.

direct	감독하다	history	역사
gut	배짱	leaf	나뭇잎
realized	깨달았다	shape	상태, 형태
mission	사명, 임무	culturally	문화적으로
sense of mission	사명감	effort	노력
turn away	돌아서다	inundated	넘치는
examine	살펴보다	grandparents	조부모님
last	지속하다, 마지막	emigrate	이민가다
innovator	혁신가	immigrant	이민자
caretaker	관리자	mean	의미한다
graduate	졸업하다	own	자신의, 소유의
medical	의학의	promise	약속한다
quote	인용하다		

mission	❶	❸	지속하다, 마지막
emigrate	❷	ⓑ	살펴보다
innovator	❸	ⓒ	관리자
examine	❹	ⓓ	돌아서다
medical	❺	ⓔ	사명, 임무
last	❻	ⓕ	혁신가
gut	❼	ⓖ	이민가다
caretaker	❽	ⓗ	의학의
turn away	❾	ⓘ	배짱

Words 2/7: 1a 2g 3c 4j 5i / 6h 7b 8d 9e 10f
Words 3/7: 1e 2g 3f 4b 5h / 6a 7i 8c 9d

성공하든 실패하든, 내가 감독한 모든 영화가 자랑스럽다.

And usually these voices of authority make sense, but sometimes, doubt starts to creep into our heads and into our hearts. And even when we think, 'that's not _____ how I see the world,' it's kind of easier to just to nod in agreement and go along, and for a while, I let that going along define my character. Because I was repressing my own point of _____, because like in that Nilsson song, 'Everybody was talkin' at me, so I _____ hear the echoes of my mind.'

And at first, the internal voice I needed to listen to was hardly audible, and it was hardly noticeable — kind of like me in high school. But then I started _____ more attention, and my intuition kicked in.

연설 ₴
스티본
스필ㅂ

하버드 대학

I get that same queasy, nervous, thrilling feeling every time I go to work.

Harvard University Commencement Address, 2016

그리고 보통 이러한 권위의 목소리들은/ 이치에 맞는다,

그러나 때때로, 의심이 시작한다/ 기어오는 것을/ 우리의 머리들 안으로

그리고 우리의 마음 안으로. 그리고 심지어 우리가 생각할 때, '저것은

상당히quite 아니다(다르다)/ 어떻게 내가 보는지(와는)/ 그 세상을.' 그것은

약간 더 쉽다/ 그냥 고개를 끄덕이는 것이/ 동의하여/ 그리고 따라서 가는 것

이, 그리고 한동안, 나는 허락했다/ 저 따라서 가는 것이 정의하도록/ 나의

캐릭터를. 나는 억누르고 있었기 때문에/ 나 자신의

관점view을, 저 닐슨 노래에서처럼,

'모두가 말하고 있었기 때문에/ 나에게, 그래서 나는 들을 수 없었다couldn't/

그 메아리들을/ 나의 마음의.'

그리고 처음에는, 그 내면의 소리는 (내가 들을 필요가 있던)

거의 들을 수 없었다, 그리고 그것은 거의 알아챌 수 없었다 —

약간 나와 같은 모습이다/ 고등학교에서. 그러나 그러고 나서 나는 시작했다/

기울이는paying 것을 더 많은 주의를, 그리고 나의 직관은

효과가 나타났다.

And I want to be _____ that your intuition
is different from your conscience. They work in
tandem, but here's the distinction: Your conscience
shouts, 'here's what you should do,' _____
your intuition whispers, 'here's what you could do.'
Listen to that voice that tells you what you could
do. Nothing will _____ your character more
than that.

Because _____ I turned to my intuition, and I
tuned into it, certain projects began to pull me into
them, and others, I turned away from.

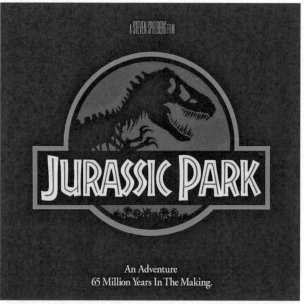

쥬라기
포스터

1993
Universal Pi

Casting sometimes is fate and destiny more than skill and talent, from a director's point of view.

Harvard University Commencement Address, 2016

그리고 나는 원한다/ 분명하게clear 하는 것을/ 한 문장을/ 너의 직관은
다르다고/ 너의 양심으로부터. 그것들은 작동한다
나란히, 그러나 여기에 그 차이가 있다: 너의 양심은
소리 지른다, '여기에 무엇이 있다/ (그 무엇을) 너는 해야 한다.' 반면에while
너의 직관은 속삭인다, '여기에 무엇이 있다/ (그 무엇을) 너는 할 수도 있다.'
저 목소리를 들어라/ (저 목소리는) 말한다 너에게/ 무엇을 네가
할 수 있는지를/ 아무것도 정의할define 것은 없을 것이다/ 너의 특성을/
저것보다 더 (잘).

일단once 내가 나의 직관으로 돌아섰기 때문에, 그리고 나는
맞췄기 때문에/ 그것(직관) 안으로, 어떤 프로젝트들은 시작했다/ 당기는 것을
나를/ 그것들 안으로, 그리고 다른 것들 (안으로는), 나는 돌아섰다/ (그것들)
로부터.

감독의 관점에서 봤을 때, 연기자를 뽑는 것은 때때로 그들의 능력보다는 운명(같은 느낌)이 더 중요하다.

And up until the 1980s, my movies were _____, I guess what you could call 'escapist.' And I don't dismiss any of these movies — not even 1941. Not even that one. And many of _____ early films reflected the values that I cared deeply about, and I still do. But I was in a celluloid bubble, because I'd cut my education _____, my worldview was limited to what I could dream up in my head, not what the world could teach me.

But then I directed The Color Purple. And this one film _____ my eyes to experiences that I never could have imagined, and yet were all too real. This story was filled with deep pain and deeper truths, like when Shug Avery says, '_____ wants to be loved.' My gut, which was my intuition, told me that more people _____ to meet these characters and experience these truths. And while making that film, I realized that a movie could also be a mission.

I hope all of you find that sense of mission. Don't turn away from what's _____. Examine it. Challenge it.

그리고 그 1980년대까지, 나의 영화들은 대부분mostly,

나는 생각한다/ 무엇을 (그것들을) 너는 부를 수도 있다 '현실도피주의자'라고.

그리고 나는 묵살하지 않는다/ 어떤 것도/ 이 영화 중의─심지어 1941도 아

니다. 심지어 저것도 아니다. 그리고 많은 것들은/ 이these 초기의 영화들의

반영했다/ 그 가치들을/ (그 가치들을) 나는 깊이 신경 썼다, 그리고 나는

여전히 그렇다. 그러나 나는 셀룰로이드(과거 영화 필름에 쓰던 물질) 거품 안에

있었다, 내가 잘랐기 때문에/ 나의 (대학)교육을 짧게short, 나의 세계관은

제한되었다/ 무엇까지 내가 꿈꿀 수 있었던/ 내 머리에서,

무엇까지가 아니라/ 그 세계가 나에게 가르쳐 줄 수 있었던.

그러나 그때 나는 감독했다/ 컬러 퍼플(그 보라색)을. 그리고 이 한

영화는 열었다opened/ 나의 눈들을/ 경험들에/ 그 경험들을 나는 전혀

상상할 수 없었다, 그렇다 하더라도 모두 정말 사실적이었다. 이

이야기는 가득 차 있었다/ 깊은 고통과 더 깊은 사실들을 가지고,

석 에버리가 말했을 때처럼, '모든 것Everything은 원한다/

사랑받기를.' 나의 배짱은, (그 배짱은 나의 직관이었다), 말했다/

나에게/ 한 문장을/ 더 많은 사람들이 필요했다needed고/ 만나는 것을/ 이

캐릭터들을 그리고 경험하는 것을/ 이 진실들을. 그리고

저 영화를 만드는 동안, 나는 깨달았다/ 한 문장을/ 한 영화는 또한

한 사명이 될 수 있다고.

나는 바란다/ 너희 모두가 찾는 것을 사명감을.

돌아서지 마라/ 무엇으로부터/ 그 무엇은 고통스럽다painful. 살펴봐라/ 그것

을. 도전해라/ 그것에.

모든 좋은 생각들은 쓸모없는 생각에서 시작한다, 그것이 시간이 오래 걸리는 이유이다.

역사의 중요성

My job is to create a world that lasts two hours.

Your job is to create a world that lasts _____.

You are the future innovators, motivators, leaders and caretakers.

And the way you create a _____ future is by studying the past. Jurassic Park _____ Michael Crichton, who graduated _____ both this college and this medical school, liked to quote a favorite professor of his who said that if you didn't know history, you didn't know anything. You were a leaf that didn't know it was part of a tree. So history majors: _____ choice, you're in great shape.

Not in the job market, but culturally.

하버드
대학교

하버드 대학교

The thing that I'm just scared to death of is that someday I'm going to wake up and bore somebody with a film.

Harvard University Commencement Address, 2016

나의 직업은 창조하는 것이다/ 한 세상을/ 그 세상은 지속한다/ 두 시간을.
너희의 직업은 창조하는 것이다 한 세상을/ 그 세상은 지속한다 영원히
<u>forever</u>. 너희는 그 미래 혁신가들, 동기부여가들, 리더들,
그리고 관리자들이다.

그리고 그 방법은 (그 방법으로 너희가 창조한다/ 한 더 나은<u>better</u> 미래를)
공부하는 것에 의해서이다/ 그 과거를. 쥐라기 공원 작가<u>writer</u> 마이클
크라이튼은, 그 누구(마이클 크라이튼)는 졸업했다<u>from</u>/ 이
대학교와 이 의학의 학교 둘 다로부터, (그는) 좋아했다/ 인용하는 것을 한
가장 좋아하는 교수를/ 그의 (교수들 중의)/ 그 교수는 말했다/ 한 문장을/ 너
희가 몰랐다면 역사를, 너희는 몰랐다/ 어떤 것도. 너희는
한 나뭇잎이었다/ 그 나뭇잎은 몰랐다/ 그것이 한 나무의 부분이었음을. 그래
서 역사 전공자들: 좋은<u>Good</u> 선택(이다), 너희들은 훌륭한
상태 안에 있다.

(아니다) 그 직업 시장에서는 아니다, 그러나 문화적으로 좋은 선택이다.

죽을 만큼 두려운 것은 언젠가 내가 일어나서 영화로 사람들을 지루하게 만들 것이라는 점이다.

The _____ of us have to make a little effort. Social media that we're inundated and swarmed with is about the here and now. But I've been fighting and fighting inside my own family to _____ all my kids to look behind them, to look at what _____ has happened. Because to understand who they are is to understand who were, and who their grandparents were, and then, what this country was like when they emigrated here. We are a nation of immigrants — at least _____.

So to me, this means we all have to tell _____ own stories. We have so many stories _____ tell. Talk to your parents and your grandparents, if you can, and _____ them about their stories. And I promise you, like I have promised my kids, you will not be _____.

My problem is that my imagination won't turn off. I wake up so excited I can't eat breakfast.

그 우리 중의 나머지rest는 만들어야만 한다/ 한 약간의 노력을.

소셜 미디어(쌍방향 인터넷 매체)는 (그 소셜 미디어로 우리는 넘치고 득실거

린다) 여기와 지금에 관한 것이다. 그러나 나는

싸우고, 또 싸워오고 있다/ 나의 자신의 가족 안에서/

하도록get 하기 위해 모든 나의 아이들이 보기를/ 그들 뒤를,

보기를/ 무엇을/ 그 무엇은 이미already 일어났다.

이해하는 것은/ (그들이 누구 '인지'를) 그들이 이해하는 것이기 때문에/

누구 '였는' 지를, 그리고 누가 그들의 조부모님들이었는지, 그리고 나서,

이 나라가 무엇과 같았는지(비슷했는지)를/ 그들이 이민 나왔을 때

여기로. 우리는 한 나라이다/ 이민자들의—최소한

지금은for now.

그래서 나에게, 이것은 의미한다/ 우리 모두가 말해야만 한다/ 우리의our

자신의 이야기들을. 우리는 가지고 있다/ 아주 많은 이야기들을/

말해야 할to. 말해라/ 너희의 부모님들과 너희의

조부모님들에게, 너희가 할 수 있다면, 그리고 질문해라ask/ 그들에게/

그들의 이야기에 대하여. 그리고 나는 약속한다/ 너희에게, 내가

약속해왔던 것처럼/ 나의 아이들에게, 너희들은 지루하지bored 않을 것이다.

문제는 나의 상상력이 꺼지지 않을 것이라는 점이다. 일어나면 아주 흥분해서 아침밥도 먹을 수 없다.

based on	~을 기초로 한	charm	부적
didactic	교훈적인	hand	손, 건네다
bonus	보너스, 뜻밖의 즐거움	allow	허락하다
filled	가득 차 있는	grateful	감사하는
villain	악당	unlike	~같지 않게
construct	구조물	cosmetic	화장품, 성형의
whisper	속삭임, 속삭이다	introduce	소개하다
compel	강요하다	over	끝나다, ~위에
moral	도덕적인	backup	대체하다
swayed	흔들려지는	inscribe	새긴다
expediency	편의성	hang on	꽉 붙잡다
courage	용기	cynical	냉소적인
consider	여긴다	unapologetically	미안하지 않을만큼

construct ❶		ⓐ 구조물, 건축물
backup ❷		ⓑ 강요하다
based on ❸		ⓒ 악당
charm ❹		ⓓ 도덕적인
compel ❺		ⓔ 편의성
villain ❻		ⓕ 새긴다
inscribe ❼		ⓖ ~을 기초로 한
cosmetic ❽		ⓗ 대체하다
moral ❾		ⓘ 부적
expediency ❿		ⓙ 화장품, 성형의

Technology can be our best friend, and technology can also be the biggest party pooper of our lives.

sentimental	감상적인	confront	직면하다
intuition	직관	Anti-Semitism	반유대주의
quiver	화살통	deny	부인하다
villain	악당	desire	욕구
racism	인종차별	compel	강요하다
religious	종교의	Holocaust	유대인 대학살
bullied	괴롭힘당한	witness	목격자
Jewish	유대인의	testimony	증언
compare	비교하다	gathering	모으는중인
tame	별거 아닌	genocide	대량학살
Jew	유대인	inconceivable	상상할수없는
embassy	대사관	atrocity	잔학행위
state	말하다	hatred	증오

Jewish ❶		ⓐ	괴롭힘당한
deny ❷		ⓑ	비교하다
racism ❸		ⓒ	부인하다
bullied ❹		ⓓ	대사관
religious ❺		ⓔ	증언
compare ❻		ⓕ	유대인의
testimony ❼		ⓖ	증오
embassy ❽		ⓗ	종교의
hatred ❾		ⓘ	인종차별

기술은 우리의 가장 좋은 친구가 될 수 있지만, 가장 우리 삶에서 가장 크게 흥을 깨는 것이 될 수도 있다.

And that's why I so _____ make movies based on real-life events. I look to _____ not to be didactic, 'cause that's just a bonus, but I look because the past is filled with the greatest stories that have ever been told. _____ and villains are not literary constructs, but they're _____ the heart of all history.

And again, this is why it's so _____ to listen to your internal whisper. It's the same one that compelled Abraham Lincoln and Oskar Schindler to make the correct moral choices. In your _____ moments, do not let your morals be swayed by convenience or expediency. Sticking to your character requires a lot of courage. And to be courageous, you're going to need a lot of _____.

I'm not really interested in making money. That's always come as the result of success.

그리고 저것이 왜(이유)이다/ 내가 아주 자주often 만드는지/ 영화를/

실제-삶의 사건들을 기초로 한. 나는 지향한다/ 역사를history/

교훈적이려고 해서가 아니라, 저것은 그냥 한 뜻밖의 즐거움이기 때문에, 그러

나 나는 본다/ 그 과거가 가득 차 있다/ 그 가장 위대한 이야기들로/

그 이야기들은 계속해서 말해져 왔다. 영웅들Heroes은 그리고 악당들은

문학적인 구조물들이 아니다, 그러나 그것들은

그 심장에at 있다/ 모든 역사의.

그리고 다시, 이것이 그 왜(이유)이다/ 그것이 아주 중요하다는important/ 듣

는 것이 너의 내면의 속삭임을. 그것은 그 똑같은 것이다/ 그것은

강요했다/ 에이브러햄 링컨과 오스카 쉰들러를

만들도록/ 그 정확한 도덕적인 선택들을. 너의

정의하는 것defining에 있어서/ 순간들을, 허락하지 마라/ 너의 도덕들이

흔들려지도록/ 편리함에 의해/ 또는 편의성에 의해. 고수하는 것은

(너의 특징에) 요구한다/ 많은 용기를. 그리고

용기 있게 되기 위하여, 너는 필요할 것이다/ 많은

지지를support.

나는 돈 버는 데에는 정말 관심이 없다. 저것은 성공의 결과로 항상 따라오는 것이다.

Harvard University Commencement Address, 2016

And _____ you're lucky, you have parents like mine. I consider my mom my lucky charm. And when I was 12 years old, my father handed me a movie camera, the tool _____ allowed me to make sense of this world. And I am so grateful to him for that. And I am grateful that he's here at Harvard, _____ right down there.

My _____ is 99 years old, which means he's only one year younger _____ Widener Library. But unlike Widener, he's had zero cosmetic work. And dad, there's a _____ behind you, also 99, and I'll introduce you after this is over, okay?

아버지
아놀드
스필버그와
함께

jewishjournal

　Only a generation of readers will span a generation of writers.

그리고 네가 운이 있다면if, 너는 가지고 있다/ 부모님들을/

내가 가진 것처럼. 나는 여긴다/ 나의 어머니를 나의 행운의 부적으로. 그리고

내가 12살이었을 때, 나의 아버지는 건네주었다/ 나에게 한

영화 카메라를, 그 도구를/ 그 도구는that 허락했다/ 내가/

이해하는 것을 이 세상을. 그리고 나는 아주 감사하다/

그에게/ 저것에 대해. 그리고 나는 감사한다/ (~해서) 그가 여기에 있어서/

하버드에, 앉아서sitting 바로 저기 아래에.

나의 아버지dad는 99살이다, (그런데 그것은) 의미한다/ 그는

오직 1년 더 어리다/ 와이드너 도서관보다than.

그러나 와이드너와는 같지 않게, 그는 가져왔다/ 0번의 성형 작업(수술)을.

그리고 아빠, 한 여성lady이 있어요/ 당신 뒤에, 또한 99세인,

그래서 내가 소개할 거예요/ 당신에게/ 이것이 끝난 후에, 좋죠?

오직 한 세대의 독자들이 한 세대의 작가들로 이어질 것이다.

Harvard University Commencement Address, 2016

But look, if your family's not always _____,
there's backup. Near the end of It's a Wonderful
Life — you remember that movie, It's a Wonderful
Life? Clarence the Angel inscribes a book with this:
"No man is a _____ who has friends."
And I hope you hang on to the friendships you've
made here at Harvard.

And _____ your friends, I hope you find
someone you want to share your life with.
I imagine some of you in this _____ may be
a tad cynical, but I want to be unapologetically
sentimental. I spoke about the importance of
intuition and how there's no greater voice to
follow. That is, _____ you meet the love of
your life. And this is what happened when I met
and _____ Kate, and that became the greatest
character-defining moment of my life.

I don't work weekends. Weekends are for my kids.

그러나 봐라, 너의 가족이 항상 이용 가능할 수(만날 수)<u>available</u> 없다 하더

라도, 대체할 게 있다. 그 끝 근처에/ '멋진

인생'의—너는 기억하는가/ 저 영화를, 멋진

인생이라는? 천사 클래런스는 새긴다/ 한 책을/ 이것(문장)을 가지고:

"어떤 사람도 실패자<u>failure</u>가 아니다/ 그는 가진다면/ 친구들을."

그리고 나는 바란다/ 네가 꽉 붙잡기를/ 그 우정들을/ 네가

만들어 왔던 여기서/ 하버드에서.

그리고 너의 친구들 사이에서<u>among</u>, 나는 바란다/ 네가 찾기를/

누군가를/ (그 누군가와 함께) 네가 원한다/ 나누기를 너의 삶을 함께.

나는 상상한다/ 몇몇을/ 너희중의/ 이 뜰<u>yard</u> 안에/

조금 냉소적일 것 같지만, 그러나 나는 원한다/ 미안하지 않을 만큼

감상적이기를. 나는 말했다/ 그 중요성에 대하여/

직관의/ 그리고 어떻게 어떠한 더 위대한 목소리도 없는지를/

따라야 하는. 저것은, 너희가 만날 때까지<u>until</u>이다/ 그 사랑을/

너의 삶의. 그리고 이것은 무엇이다/ 그 무엇은 발생했다/ 내가 만나고

결혼했을<u>married</u> 때/ 케이트와, 그리고 저것은 되었다/ 그 가장 위대한

캐릭터-정의하는 순간이/ 나의 인생의.

Love, support, courage, intuition. All of these things are in your hero's quiver, but still, a hero needs one more thing: A hero needs a villain to vanquish. And you're all in luck. This world is _____ of monsters. And there's racism, homophobia, ethnic hatred, class hatred, there's political hatred, and there's religious hatred.

인종차별에 관해 1

As a kid, I was bullied — for being Jewish. This was upsetting, but compared to what my parents and grandparents had faced, it felt tame. Because we _____ believed that anti-Semitism was faint, fading. And we were _____. Over the last two years, _____ 20,000 Jews have left Europe to find higher _____. And earlier this year, I was at the Israeli embassy when President Obama stated the sad truth. He said: 'We must confront the reality that around the world, anti-Semitism is _____ the rise. We cannot deny it.'

I get home by six. I put the kids to bed and tell them stories and take them to school the next morning.

사랑, 지지, 용기, 직관. 모든 것은 (이러한 것들의)

너의 영웅의 화살통 안에 있다, 그러나 여전히, 한 영웅은

한 가지가 더 필요하다: 한 영웅은 필요하다/ 한 악당을/ 패배시켜야 하는.

그래서 너희는 모두 운 안에 있다. 이 세계는 가득하다<u>full</u>/

괴물들로. 그리고 인종차별, 동성애 혐오, 민족

혐오, 계급적 증오가 있다, 정치적 증오가 있다, 그리고

종교적 증오가 있다.

한 아이로서, 나는 괴롭힘 당했다 — 왜냐하면 유대인이기 때문에. 이것은

속상했다, 그러나<u>but</u> 무엇에 비교하여/ 그 무엇을 나의 부모님들과

조부모님들이 직면했었다, 그것은 느껴졌다/ 별거 아니라고. 우리는

정말로<u>truly</u> 믿었기 때문에/ 한 문장을/ 반유대주의가 희미해졌고,

점차 사라지고 있었다. 그리고 우리는 틀렸다<u>wrong</u>. 그 지난 2

년에 걸쳐, 거의<u>nearly</u> 20,000명의 유대인들이 떠났다/ 유럽을/

찾기 위하여/ 더높은 지대<u>ground</u>를. 그리고 올해 초에, 나는

그 이스라엘의 대사관에 있었다/ 대통령 오바마가

말했을 때/ 그 슬픈 사실. 그는 말했다: '우리는 직면해야만 한다/

그 현실을/ 그 현실은 그 세계 주변에서, 반유대주의가

증가하고 있다는<u>on</u> 것이다. 우리는 부인할 수 없다/ 그것을.'

My own desire to confront that _____ compelled me to start, in 1994, the Shoah Foundation. And since then, we've _____ to over 53,000 Holocaust survivors and witnesses in 63 _____ and taken all their video testimonies.

And we're now gathering testimonies from genocides in Rwanda, Cambodia, Armenia and Nanking. Because we must _____ forget that the inconceivable doesn't happen — it happens _____. Atrocities are happening right now. And so we wonder not just, 'When will this hatred end?' but, 'How did it _____?'

"QUITE SIMPLY ONE OF THE GREATEST MOVIES EVER MADE."
Gerald Kaufman MP · DAILY TELEGRAPH

"Spielberg...nothing he has previously made prepares you for the masterpiece he has now crafted."
Baz Bamigboye · DAILY MAIL

"A great film."
Terrence Rafferty · NEW YORKER

"An Astounding Achievement."
David Denby · NEW YORK MAGAZINE

"An Awesome Experience."
Roger Ebert · SISKEL & EBERT

"One of the most towering films of the last 50 years."
Rene Shafe · NBC TODAY

"A Monumental Triumph."
Peter Travers · ROLLING STONE MAGAZINE

SCHINDLER'S LIST.

쉰들러 리스트 포스터

폴란드계 유태인 ㅅ 나치로부 유태인 1100명을 구하는 ㄴ 영화

1993 pastposters.

I work basically from 9.30 to 5.30 and I'm strict about that.

나 자신의 욕구는 (직면하겠다는/ 저 현실reality을)

강요했다/ 나를/ 시작하도록, 1994년에, 그 쇼아

재단을. 그리고 그때 이래로, 우리는 말해왔다spoken/

53,000명 이상의 유대인 대학살 생존자들과 목격자들에게/ 63개의

나라들countries에 있는 그리고 찍어왔다/ 모든 그들의 비디오 증언들을.

그리고 우리는 지금 모으고 있다/ 증언들을/

대량학살들로부터/ 르완다에서, 캄보디아, 아르메니아 그리고

난징에서. 우리는 절대never 잊어서는 안 되기 때문에/ 한 문장을/

그 상상할 수도 없는 것이 일어나지 않는다는 것을 — 그것은 일어난다/

자주frequently. 잔학행위들은 일어나고 있다 바로 지금.

그리고 그래서 우리는 궁금하다/ 단지 (아니라) '언제 이 증오가

끝날까?' 뿐만 아니라, 그러나 '어떻게 그것이 시작했지begin?'가

나는 기본적으로 9시 반부터 5시 반까지 일한다. 그리고 나는 저것을 꽤 엄격히 지킨다.

crowd	군중	humanity	인간성
tribalism	부족중심주의	repair	수리하다
rooting	응원하는 것	replace	대체하다
instinctively	본능적으로	curiosity	호기심
genetically	유전적으로	connecting	연결하는 것
divide	나누다	tribe	부족
burning	타오르는 중인	empathy	공감
done	되어진	protest	시위하다
begun	시작했다	shouting	소리지르는 중인
surging	급증하는 중인	conscience	양심
Islamophobia	이슬람 혐오	loud	크게
discriminated	차별 받는	service	봉사
minority	소수자	example	예

crowd ❶		❶ 부족
discriminated ❷		❺ 유전적으로
divide ❸		❻ 군중
Islamophobia ❹		❼ 소수자
burning ❺		❽ 나누다
empathy ❻		❾ 차별 받는
minority ❼		❿ 타오르는 중인
tribe ❽		⓱ 이슬람 혐오
protest ❾		⓲ 공감
genetically ❿		⓳ 시위하다

The love we do not show here on Earth is the only thing that hurts us in the after-life.

further	(정도) 더 멀리	atrocity	잔학행위
backdrop	배경	earn	획득하다
bear	품다, 낳다	connected	연결된
alumni	졸업생들	contact	접촉
faculty	교수진	media	매체
tread	디디다	device	장치
honor	경의를 표하다	row	줄
radiance	빛	discomfort	불편함
deed	행동	determine	결정하다
debt	빚	filled	채워진
repaid	갚아지는	outrun	~보다 빨리 달리다
generation	세대	criminal	범죄자

row	❶	ⓐ	빚
alumni	❷	ⓑ	범죄자
outrun	❸	ⓒ	졸업생들
media	❹	ⓓ	매체
faculty	❺	ⓔ	줄
criminal	❻	ⓕ	~보다 빨리 달리다
atrocity	❼	ⓖ	교수진
tread	❽	ⓗ	잔학행위
debt	❾	ⓘ	디디다

Words 6/7: 1c 2f 3e 4h 5g / 6i 7d 8a 9j 10b
Words 7/7: 1e 2c 3f 4d 5g / 6b 7h 8i 9a

우리가 여기 지상에서 보여주지 않는 사랑이 사후에 우리를 아프게 하는 유일한 것이다.

Now, I don't have to tell a crowd of Red Sox
fans that we are wired for tribalism. But beyond
rooting for the home team, tribalism has a much
_____ side. Instinctively and maybe even
genetically, we divide the world _____ 'us'
and 'them.' So the burning question must be: How
do all of us together find the 'we'? How do we
do that? There's still so much work to be done,
_____ sometimes I feel the work _____
even begun. And it's not just anti-Semitism that's
surging — Islamophobia's _____ the rise, too.
Because there's no difference between anyone who
is discriminated against, whether it's the Muslims,
or the Jews, or minorities on the border states, or
the LGBT community — it is all big one hate.

이슬람
인종차
반대하
유태인

2014. 5. 22.
New York De

Once a month the sky falls on my head, I come to, and I see another movie I want to make.

지금, 나는 말할 필요는 없다 (한 군중에게/ 레드삭스

팬들의) 한 문장을/ 우리는 연결된다고/ 부족중심주의로. 그러나

응원하는 것을 넘어서/ 그 홈 팀을, 부족주의는 가지고 있다/ 한 훨씬

더 어두운darker 면을. 본능적으로 그리고 아마도 심지어

유전적으로, 우리는 나눈다/ 그 세계를/ '우리'

그리고 '그들'로into. 그래서 그 타오르는 질문은 (~임에) 틀림없다: 어떻게

우리 모두가 함께 찾을까/ 그 '우리를we'? 어떻게 우리가

할까/ 저것을? 여전히 아주 많은 일이 있다/ 되어야 할,

그리고and 때때로 나는 느낀다/ 그 일이 심지어 시작하지 않았다고hasn't.

그리고 그것은 단지 반유대주의만이 아니다/ 그 반유대주의는

급증하고 있다 ─ 이슬람 증오는 증가하고on 있다, 또한.

차이가 없기 때문에/ 어떤이들 사이에/ 그 어떤이는

차별 받는다 (그들에) 대항하여, 그것이 그 무슬림들이든,

또는 유대인들(이든), 또는 소수자들(이든)/ 그 주들의 경계에 있는, 또는

그 LGBT(Lesbian, Gay, Bisexual, Transgender, 성적 소수자) 공동체든지

─그것 모두 큰 하나의 증오hate이다.

한 달에 한 번 하늘이 내 머리 위에 떨어지면, 나는 와서, 그리고 나는 내가 만들기 원하는 또 하나의 영화를 본다.

Harvard University Commencement Address, 2016

And to me, and I think, to all _____ you, the only answer to more hate is more humanity. We gotta repair — we have to replace fear _____ curiosity. 'Us' and 'them' — we'll find the 'we' by connecting with each other. And by believing that we're members of the same tribe. And by feeling empathy for every soul — even Yalies. Make an announcement. My son graduated from Yale, thank you...

But make sure this empathy isn't just something that you feel. Make it something you act _____. That means vote. Peaceably protest. Speak up for those who can't and speak _____ for those who may be shouting but aren't being _____. Let your conscience shout as loud as it wants _____ you're using it in the service of others.

There is a fine line between censorship and good taste and moral responsibility.

그리고 나에게, 그리고 나는 생각한다, 너희 모두에게of, 그

유일한 답은 (더 많은 증오에 대한) 더 많은 인간성이다. 우리는

수리해야 한다 — 우리는 대체해야 한다/ 공포를/

호기심<u>으로with</u>. '우리를'과 '그들을' — 우리는 찾을 것이다/ 그 '우리'를/

연결함으로써/ 서로서로를. 그리고 믿음으로써/ 한 문장을/

우리가 구성원들이라는/ 그 같은 부족의. 그리고 느낌으로써

공감을/ 모든 영혼을 위한 — 심지어 예일대 졸업생들(을 위해). (내가)

발표하겠다. 나의 아들은 졸업했다/ 예일을, 고마워요,

여러분...

그러나 확실히<u>sure</u> 해라/ 이 공감은 단지 무언가가 아니다/

너는 그 무언가를 느낀다. 만들어라/ 그것을 무엇으로/ 네가

기반<u>으로upon</u> 행동하는. 저것은 의미한다/ 투표를. 평화롭게 시위해라.

말해라 확실히/ 저 사람들을 위해/ 그 사람들은 할 수 없다/ 그리고 말해라 확

실히<u>up</u>/ 저 사람들을 위해/ 그 사람들은 소리 지르고 있지만/

듣지는<u>heard</u> 않을지도 모른다. 허락해라/ 너의 양심이 소리치게/ (~만큼) 크

게/ 그것(양심)이 원하는 만큼이나/ 너희가 사용하고 있다면<u>if</u>/ 그것을/ 그 봉

사 안에서/ 다른 이들의 (다른 사람들에게 도움이 되도록).

좋은 취향과 도덕적 책임과 검열 사이에는 가는 선이 있다.

And as an example of action in service of others, you need to look no further than this Hollywood-worthy backdrop of Memorial _____. Its south wall bears the names of Harvard alumni — like President Faust has already mentioned — students and faculty members, who gave their lives in World _____ II. All told, 697 souls, who once tread the ground where we stand now, were lost. And at a service in this church in late 1945, Harvard President James Conant — which President Faust also _____ — honored the brave and called upon the community to 'reflect the radiance of their deeds.'

메모리
교회의
남쪽 ㅂ

2차
세계대전
죽은 하버
대학교 졸
697명의
적혀있다

하버드 대학교

Every time I go to a movie, it's magic, no matter what the movie's about.

그리고/ 한 예로서/ 행동의/ 봉사에서/ 다른 이들의(다른 이들을 도움이 되는),

너는 필요하다/ 보는 것을/ 더 멀리가 아니라/ 이 할리우드-

가치 있는 배경보다/ 메모리얼 교회Church의. 그것의 남쪽

벽은 품고 있다/ 그 이름들을/ 하버드의 졸업생들의—

파우스트 총장님이 이미 언급했던 것처럼—학생들

그리고 교수진 구성원들, 그들은 주었다/ 그들의 목숨들을/2차

세계 대전War에서. 모두 합해서(말해지기를), 697명의 영혼들은, (그 영혼들은

한때 디뎠다/ 그 땅을/ 어디/ 그 땅에 우리는 서 있다 지금), 잃어버려졌다. 그리

고/ 이 교회 한 예배에서/ 1945년 후반에, 하버드

총장 제임스 커넌트는—그것을 파우스트 총장

또한 언급했다mentioned—경의를 표했다/ 용감한 사람들에게 그리고 요청

했다/ 그 지역사회에게/ '반추해 볼 것을/ 그 빛을/

그들의 행동들의.'

내가 영화에 갈 때면, 그 영화가 무엇에 관한 것이든 그것은 마술 같다.

Seventy years later, this message still holds true. Because their _____ is not a debt that can be repaid in a single generation. It must be repaid with every generation. Just as we must never forget the atrocities, we must never forget those who _____ for freedom. So as you leave this college and head out into the world, _____ please to 'reflect the radiance of their deeds,' or as Captain Miller in Saving Private Ryan would _____, "Earn this."

'이것을
획득하

라이언 일
구하기어
밀러 대위
죽을 때 ㅎ

*1998
Saving Priva
DreamWork
Paramount :*

　Even though I get older, what I do never gets old, and that's what I think keeps me hungry.

Harvard University Commencement Address, 2016

70년 후, 이 메시지는 여전히 지속된다/ 진실로.

그들의 희생sacrifice은 빚이 아니기 때문에/ 그 빚은

갚아질 수 있는/ 하나의 세대에서. 그것은 갚아져야만 한다/

모든 세대와 함께. 마치 우리가 절대로 잊지 않는 것처럼/

그 잔학행위들을, 우리는 절대로 잊어서는 안 된다/ 저 사람들을/

그 사람들은 싸웠다fought/ 자유를 위해. 그래서 너희가 이 대학교를 떠나고

밖을 향할 때/ 그 세상 안으로, 계속해라continue/

제발 '반추하는 것을/ 그 빛을/ 그들의 행동들의,' 또는

밀러 대위가/ '라이언 일병 구하기'에서 말한say 것처럼, '획득해라/

이것을.' (많은 희생으로 라이언 일병을 구하게 되는데, 밀러 대위가 죽으면서

라이언 일병에게 하는 말)

내가 더 나이 먹을지라도, 내가 하는 일은 늙지 않는다, 그리고 저런 생각이 나를 배고프게 만든다.

And please _____ connected. Please never lose eye contact. This may not be a _____ you want to hear from a person who creates media, but we are spending more time looking down at our devices than we are looking in each other's _____.

So, forgive me, _____ let's start right now. Everyone here, please _____ someone's eyes to look into. Students, and alumni and you too, President Faust, all of you, turn _____ someone you don't know or don't know _____ well. They may be _____ behind you, or a couple of rows ahead. Just let your eyes meet. That's it. That emotion you're feeling is our shared _____ mixed in with a little social discomfort.

웃고 웃
사람들

처음 본 이
눈을 마주
어색하게
웃고 있디

하버드 대학

The only thing that gets me back to directing is good scripts.

그리고 제발 머물러라<u>stay</u>/ 연결된 채로. 제발 절대로

잃지 마라/ 시선 마주침을. 이것은 한 교훈<u>lesson</u>은 아닐 것 같다/ 네가

원하는/ 듣는 것을/ 한 사람으로부터/ 그 누구는 창조한다/ 매체를,

그러나 우리는 보내고 있다/ 더 많은 시간을 내려다보면서/

우리의 장치들을/ 우리가 보고 있는 것보다/ 서로의

<u>눈들eyes</u> 안을.

그래서, 용서해라/ 나를, 그러나<u>but</u> 시작하자 바로 지금.

모두들 여기에서, 제발 찾아라<u>find</u>/ 누군가의

눈들을/ 안쪽을 들여다볼. 학생들, 그리고 졸업생들 그리고 당신도

또한, 파우스트 총장님, 너희 모두, 돌아라/ 누군가에게<u>to</u>/

네가 모르는/ 또는 알지 못하는/ 아주<u>very</u>

잘. 그들은 서 있을지도<u>standing</u> 모른다/ 너의 뒤에,

또는 두 줄들 앞에. 그냥 허락해라/ 너의 눈들이

만나게. 바로 그거다. 저 감정은/ 네가 느끼고 있는/ 우리의

공유된 인간성<u>humanity</u>이다/ 안에서 섞여진/ 약간의 사회적

불편함을 가진.

감동하러 다시 돌아오게 만드는 유일한 것은 좋은 대본들 때문이다.

But, if you remember nothing else _____ today, I hope you remember this moment of human connection. And I hope you all had a lot of that _____ the past four years. Because today you start down the _____ of becoming the generation _____ which the next generation stands. And I've imagined many possible futures in my films, but you will determine the actual future. And I hope that it's filled _____ justice and peace.

행복을 기원하며

And finally, I wish you all a _____, Hollywood-style happy ending. I hope you outrun the T. rex, _____ the criminal and for your _____' sake, maybe every now and then, just like E.T.: _____ home.
Thank you.

E.T.에
자전フ
하늘을
장면

1982
Universal F

'E.T.' began with me trying to write a story about my parents' divorce.

그러나, 네가 기억하지 않는다면/ 아무것도 그 밖의/

오늘로부터from, 나는 바란다/ 네가 기억하는 것을/ 이 순간을/

인간의 연결의. 그리고 나는 바란다/ 너희 모두가 가졌기를/ 많은

저것(인간의 연결)을/ 그 지난 4년에 걸쳐서over. 오늘은

너희가 시작하기 때문에/ 그 길path을/ 그

세대가 되는 것의/ 그 세대 위에서on 그다음 세대가

선다. 그리고 나는 상상해왔다/ 많은 가능한 미래들을/

나의 영화에서, 그러나 너는 결정할 것이다/ 그 실제의 미래를.

그리고 나는 바란다/ 한 문장을/ 그것은 채워지기를/ 정의와 평화로with.

그리고 마지막으로, 나는 희망한다/ 너희 모두에게 한 진짜true, 할리우드-

스타일의 해피 엔딩. 나는 바란다/ 너희가 빨리 달리기를/ 그 티렉스보다,

(바란다/ 너희가) 잡기를catch/ 그 범죄자를 그리고/ 너희의 부모님parents

을 위한 이유로, 아마도 이따금씩, 마치 E.T.처럼:

집에 가라Go.

고맙다/ 너에게.

ET는 내가 나의 부모님의 이혼에 대해 이야기를 쓰도록 하면서 시작했다.

Mahatma Gandhi

Spiritual Message on God, 1931. 10. 20

TOP 9

신에 관한 연설

Faith transcends reason.

믿음은 이성을 초월한다.

마하트마 간디

인도의 정치가, 인도 민족해방운동 지도자, 변호사
168cm, 50kg, 3남 1녀 중 막내
1869. 10. 2. ~ 1948. 1. 30.

인간의 한계를 넘는 것

나를 '마하트마(위대한 영혼)'라고 부른다. 하지만 나도 매일 수만 번 흔들린다. 그럴 때면 내 마음 안의 소용돌이를 지켜보고 잠잠해질 때까지 기다린다. 생각의 구름이 걷히고 나면, 진정으로 원하는 것과 추구해야 하는 것이 드러난다. 그러면 내가 믿는 바를 주저함 없이 행동할 수 있게 된다. 그 결과가 옳지 않을 수도 있으나, 최소한 행동에 대한 후회는 없다. 내 말과 행동이 일치하기 때문이다.

한 여인이 내게 아이를 타일러 주기를 부탁했다. 그녀는 아들에게 사탕을 그만 먹으라고 했지만, 아무리 혼내도 소용없다고 했다. 나는 2주 후에 다시 오라고 했다. 2주 뒤, 나는 그 아이에게 사탕은 건강에 좋지 않으니 먹지 않는 게 좋겠다고 말했다. 그 여인이 왜 이 얘기를 2주 전에 해 주지 않았냐고 물었다. 2주 전의 나는 그녀의 아들처럼 사탕을 즐기고 있었다. 내가 2주라고 말한 것은 나부터 끊어야 했기 때문이다.

행하지 않은 것을 쉽게 말하는 것에는 진심이라는 무게가 실리지 않는다. 상대방의 마음에 닿을 수 없다. 내가 바뀌지 않으면, 세상도 변할 수 없다. 영국 통치하에 있는 인도의 독립을 위해서는 모든 것을 스스로 해야 한다고 믿었다. 이러한 생각을 공동 농장의 정신에 담았다. 그래서 영국의 옷감 공장에서 만든 옷 대신 물레로 직접 옷감을 짜서 입었다.

삶은 선택의 연속이다. 한 개인의 선택으로 세상을 바꿀 수는 없겠지만, 그런 개인이 모이면 그 힘은 무력을 뛰어넘는다. 특별한 사람만이 나처럼 살 수 있는 것은 아니다. 나 또한 매 순간 인간의 한계를 넘어서기 위해 쉼 없이 내 안을 들여다보며 노력한다. 사람들은 나를 위대한 영혼 '마하트마'라고 부른다. 하지만 나는 누구나 위대한 영혼을 갖고 있다고 생각한다. 여러분 안에 있는 위대한 영혼 '마하트마'를 발견하길 바란다.

goo.gl/fs9qiq

신에 관한 연설

깊이 ★★★★★
재미 ★
감동 ★★★
교훈 ★★★★

우리는 이성적으로 판단한다고 생각하지만, 대부분이 감성적으로 판단된다. 그래서 대통령 후보자들은 의상과 말투, 표정과 제스처까지 철저히 준비하고 나온다. 사람들은 후보자들의 말에 의해 판단한다고 생각하지만, 실은 비언어적인 요소에 의해 결정을 내리기 때문이다.

보이지 않는 힘에 대해서도 그렇다. 주변에서 점집에 다녀왔다고 하면 귀가 솔깃해진다. 귀신이 맞추는 것인지 점쟁이가 눈치가 빠른 것인지, 정말 미래를 맞추고 조언을 줄 수 있는지 회의적이면서도 보이지 않는 그 무엇이 궁금하다. 용하다는 점집에 대한 글에 수백 개의 연락처를 묻는 댓글을 보면 놀랍다.

사실 나(장위)는 천주교인이다. 성경에서 '보지 않고도 믿는 자는 행복하다'라는 구절을 이해하기 어려웠다. 설명될 수 없는데 일단 믿는 것이 전제되어야 한다는 게 무슨 말일까. 이것이 내 지력의 한계인가 아니면 내 믿음의 부족 때문인가? 이에 죄책감을 느끼고 고해성사를 해야 하는가, 아니면 무조건 믿는 척하고 있어야 하는가?

정신적인 지도자. 영적으로 경지에 오른 사람들의 신에 대한 생각이 궁금했다. 간디의 종교는 힌두교이다. 그러나 그의 종교에 대한 생각은 힌두교를 넘어선다. 그는 모든 종교는 진리이지만, 그것이 잘못 오역됨에 따라 종교의 본질이 흐려질 수 있다고 한다. 그렇다면 간디는 어떤 논리로 '신이 존재한다'고 '믿을 수 있다'고 주장하는 것일까?

indefinable	정의하기 어려운	limited	제한적인
pervade	(구석구석)스며든다	infinitely	무한하게
unseen	안 보이는	presence	존재
defy	저항하다	nevertheless	그럼에도 불구하고
perceive	인식하다	orderliness	질서정연함
transcend	초월한다	universe	우주
extent	정도	unalterable	불변의
rule	지배하다	blind	눈 먼
certainly	분명히	conduct	행동
villager	마을주민	marvelous	경탄할만한
inquiry	질문한 결과	matter	물질
knowledge	지식(인식)	deny	부인하다

defy ❶	ⓐ 질문한 결과
extent ❷	ⓑ 정의하기 어려운
indefinable ❸	ⓒ (구석구석)스며든다
transcend ❹	ⓓ 정도
infinitely ❺	ⓔ 초월한다
pervade ❻	ⓕ 불변의
unalterable ❼	ⓖ 인식한다
inquiry ❽	ⓗ 무한하게
conduct ❾	ⓘ 저항한다
perceive ❿	ⓙ 행동

The weak can never forgive. Forgiveness is the attribute of the strong.

God rules the heart and transforms it.

누가　　　 한다　 　무엇을　　 　(누가)　　한다　　　무엇을
신은　　통치한다/ 　그　　마음을/ 　그리고 (신은) 변화시킨다/ 그것을.

등위 접속사(and, but, or)는 등위 접속사 바로 뒤의 단어의 품사(transform, 동사)를 보고 앞에서 같은 품사의 단어(rules, 동사)를 찾는다. 그 단어 앞의 내용(God)이 and 다음에 생략된 것이다.

문장에서 and, or 다음에 생략된 부분을 쓰시오.

1. Sense perceptions can be and (＿＿＿＿＿＿)
   often are false. 감각 인식들은 틀릴 수 있고 ( ) 자주 틀린다.

2. People don't know who rules or (＿＿＿＿＿＿)
   why he rules.
   사람들은 모른다/ 누가 통치하는지 또는( ) 왜 그가 통치하는지.

3. Nothing else can or (＿＿＿＿＿＿) will persist.
   그 밖의 어떤 것도 지속할 수 없거나 ( ) 지속하지 않을 것이다.

4. It drew strength from not-so-young people,
   and (＿＿＿＿＿＿＿＿) from Americans.
   그것(캠페인)은 끌어냈다/ 힘을/ 아주-젊지는-않은 사람들로부터,
   그리고 ( ) 미국인들로부터.

관련단원 4시간에 끝내는 영화영작: 기본패턴 24단원(p.110)
6시간에 끝내는 생활영어 회화친사: 전치사/접속사/조동사/의문문 25단원(p.84)

답

Words 1/3: 1i 2d 3b 4e 5h / 6c 7f 8a 9j 10g

Grammar Pattern: 1.Sense perceptions 2.People don't know
　　　　　　　　3.Nothing else 4.It drew strength

약한 자들은 절대 용서하지 못한다. 용서는 강한 자들의 특성이다.

Spiritual Message on God, 1931

There is an indefinable mysterious _____ that pervades everything, I feel it _____ I do not see it. It is this unseen power which makes _____ felt and yet defies all proof, because it is so unlike all that I perceive _____ my senses. It transcends the senses. But it is possible to reason out the existence of God to a limited extent. Even in _____ affairs we know that people do not know who rules or why and how He rules and yet they know that there is a power that certainly rules.

소금 세
항의하
행진

아마다바·
아라비안·
수천 명이
영국의 소
세금에 항
행진을 했

이 행진으
간디를 포
6만명 가·
체포됐다.

1930. 3. - 19.
history.com

]You must be the change you want to see in the world.

한 정의하기 어려운 신비한 힘power이 있다/ 그 힘은
(구석구석)스며든다/ 모든 것에, 나는 느낀다/ 그것을/ 내가
보지 않을지라도though/ 그것을. 그것은 이 안 보이는 힘이다/ (그 힘은) 만든
다/ 그것 자체가itself 느껴지도록/ 그렇다 해도 (그 힘은) 저항한다/ 모든 증거
를(증명이 불가능하다), 그것은 아주 모든 것 같지 않기 때문에/ 그 모든 것을 내
가 인식한다/ 나의 감각들을 통해서through. 그것은 초월한다/ 그 감각들을.
그러나 그것은 가능하다/ 추론하는 것이/ 신의 존재를/ 제한된 정도까지. 심지
어/ 일상적인ordinary 일들에서/ 우리는 안다/ 한 문장을/ 사람들이
모른다고/ 누가 지배하는지를 또는or 왜 그리고 어떻게 그(신)가 지배하는지/
그렇다 하더라도 그들은 안다/ 한 문장을/ 한 힘이 있다고/ 그 힘은 분명히 지
배한다.

당신이 세상에서 보고 싶은 그 변화가 스스로 되어야 한다.

In my tour last year in Mysore I met many
_____ villagers and I found upon inquiry that
they did not know who ruled Mysore. They simply
_____ some God ruled it. If the knowledge of
_____ poor people was so limited about their
ruler I who am infinitely lesser in respect to God
than they to their ruler need not be surprised if I
do not realize the presence of God — the King of
Kings.

우주의 질서

Nevertheless, I do feel, as the poor villagers felt
_____ Mysore, that there is orderliness in the
universe, there is an unalterable law governing
everything and every being that exists or lives.
It is not a blind law, for no blind law can govern
the conduct of living being and thanks to the
marvelous researches of Sir J. C. Bose it can now be
_____ that even matter is life. That law then
which governs all life is God. Law and the law-giver
are one. I may not deny the law or the law-giver
because I know so _____ about it or Him.

Freedom is not worth having if it does not include the freedom to make mistakes.

나의 여행에서 작년에/ 마이소르(인도 남부의 마을)에서/ 나는 만났다/ 많은

가난한poor 마을주민들을/ 그리고 나는 찾(알)았다/ 질문한 결과 한문장이라

는/ 그들은 몰랐다는 것이다/ 누가 지배했는지를/ 마이소르를. 그들은 간단

하게 말했다said/ 어떤 신이 지배했다고/ 그것을. 그 지식(인식)이

(이these 가난한 사람들의) 아주 제한적이었다면/ 그들의

지배자에 대해 나는 (나는 무한하게 덜하다/ 신에 관해서/

그들이 그들의 지배자에게 (관해서)보다) 놀랄 필요가 없다/ 내가

알아차리지 않는다고/ 그 신의 존재를 ─ 그 왕을/

왕들 중의.

그럼에도 불구하고, 나는 정말 느낀다, (그 가난한 마을주민들이 느꼈던 것처

럼/ 마이소르에 대하여about), 한 문장을/ 질서정연함이 있다고/

우주 안에, 한 불변의 법칙이 있다고/ 다스리고 있는/

모든 것과 모든 존재를 그것(그 불변의 법칙)은 존재하거나 살아있다.

그것은 눈먼 법이 아니다, 왜냐하면 눈먼 법은 (없다) 통치할 수 없기 때문에/

그 행동을/ 살아있는 존재의/ 그리고 그

경탄할만한 연구들 덕분에/ 자가디시 찬드라 보스(물리학자)의/ 그것은 이제

증명되어질proved 수 있다/ 심지어 물질도 생명이라고. 저 법은 그러면

(그 법은 다스린다/ 모든 생명을) 신이다. 법과 그 법 제공자(입법자)는

하나이다. 나는 부인하지 않을 것 같다/ 그 법 또는 그 법-제공자를/

나는 알기 때문이다/ 너무 조금little/ 그것 또는 그(신)에 대하여.

실수할 자유가 없는 자유는 가치가 없다.

denial	부인함	persist	지속하다
existence	존재	benevolent	선의적인
earthly	세속적인	malevolent	악의적인
liberate	해방시키다	purely	순전히
operation	작용	midst	한가운데
humble	겸손한	untruth	진리가 아닌
divine	신적인	darkness	어둠
dimly	희미하게	hence	따라서
whilst	~하는 동안(=while)	supreme	최고의
underlying	근본적인 것	intellect	지적인
dissolve	해결하다	transform	변형시키다
informing	알려주는	votary	숭배자
merely	단지		

persist ❶		ⓐ	지속하다
earthly ❷		ⓑ	부인함
humble ❸		ⓒ	선의적인
denial ❹		ⓓ	해결하다
dissolve ❺		ⓔ	해방시키다
intellect ❻		ⓕ	악의적인
transform ❼		ⓖ	겸손한
liberate ❽		ⓗ	변형시키다
benevolent ❾		ⓘ	지적인
malevolent ❿		ⓙ	세속적인

Happiness is when what you think, what you say, and what you do are in harmony.

definite	분명한	deny	부인하다
perception	인식	immovable	부동의
deceptive	현혹시키는	faith	믿음
appear	나타나다	moral	도덕적인
infallible	오류가 없는	supremacy	최고위
extraneous	외부적인	clear	분명한
conduct	행동	summarily	즉결로
presence	존재	contrary	정반대
testimony	증언	confess	고백한다
prophet	예언자	reason	이성
sage	현자	transcend	초월하다
clime	지역	attempt	시도하다
reject	거부하다		

deceptive ❶	ⓐ 현혹시키는
infallible ❷	ⓑ 분명한
definite ❸	ⓒ 인식
sage ❹	ⓓ 외부적인
perception ❺	ⓔ 현자
deny ❻	ⓕ 오류가 없는
extraneous ❼	ⓖ 도덕적인
moral ❽	ⓗ 부인하다
confess ❾	ⓘ 고백한다

Words 2/3: 1a 2j 3g 4b 5d / 6i 7h 8e 9c 10f
Words 3/3: 1a 2f 3b 4e 5c / 6h 7d 8g 9i

행복이란 당신이 생각하는 것과 말하는 것과 하는 것이 조화를 이루는 것이다.

Just as my denial or ignorance of the existence of an earthly power will avail me nothing even so my denial of God and His _____ will not liberate me from its operation, whereas humble and mute acceptance of divine authority makes life's journey easier even as the acceptance of earthly rule makes life under it easier. I do dimly _____ that whilst everything around me is ever changing, ever dying there is underlying all that change a living power that is _____, that holds all together, that creates, dissolves and recreates.

마이소
주민들

차문디 언
푸자 사원

2006
david lacina

   As long as you derive inner help and comfort from anything, keep it.

마치(~처럼) 나의 부인함 또는 무지함이 (존재에 대한/

한 세속적인 힘의) 도움이 되지 않을 것처럼/ 나에게 아무것도/ 심지어 그렇게/

나의 부인함은 (신과 그의 법law에 대한) 해방시키지 않을 것이다/

나를/ 그것의 작용으로부터, 반면에 겸손하고 말 없이

받아들이는 것이/ 신적 권위의/ 만든다/ 삶의 여정을

더 쉽게/ 심지어(~처럼) 세속의 규칙의 수용이 만드는 것처럼/

삶을 (그것 아래에서의) 더 쉽게. 나는 정말 희미하게 인식한다perceive/

한 문장을/ (~동안) 모든 것이 (내 주변에 있는) 언제나 변화하고

죽어가는 중인 동안/ 모든 것의 토대가 되는 것이 있다/ 그 전부는 바꾼다/

살아있는 힘을 (그 힘은 변함이 없다changeless), 그 전부는 지탱하게 한다/ 모

두를 함께, 그 토대가 되는 전부는 창조하고, 해결하고 그리고 재창조한다.

Spiritual Message on God, 1931

That informing power of spirit is God, and since nothing else that I see merely through the senses can or will persist, He _____ is.

And is this power benevolent or malevolent? I see it as purely benevolent, for I can see that in the midst of death life persists, in the midst of untruth truth persists, in the midst of darkness light persists. Hence I gather that God is life, truth, light. He is love. He is _____ supreme Good. But He is no God who merely satisfies the intellect, if He ever does. God to be God must rule the _____ and transform it. He must express himself in every smallest act of His votary. This can only be done through a definite realization, more real than the five _____ can ever produce.

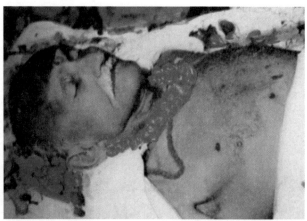

간디의

기도 모임
가는 중에
암살당한

간디의 정
100만 명
넘는 사림
행렬에
참여했다

1948. 1. 30.

Honest disagreement is often a good sign of progress.

저 알려주는 정신(영)의 힘이 신이다, 그리고

그 밖의 아무것도 (내가 보는/ 단지 그 감각들을 통하여)

지속할 수 없거나 지속하지 않을 것이기 때문에, 그(신) 혼자만alone이 (신)이

다. 그리고 이 힘은 선의적인가 아니면 악의적인가? 나는 본다/

그것을/ 순전히 선의적으로서, 왜냐하면 내가 볼 수 있기 때문에/ 한 문장을/

죽음의 한가운데에/ 생명은 지속된다, 진리가 아닌 것들의 한가운데에/

진리가 지속된다, 어둠의 가운데에/ 빛이

지속된다. 따라서 나는 모은다(이해한다)/ 한 문장을/ 신은 생명이고, 진리이

고, 빛이다. 그는 사랑이다. 그는 그the 최고의 선이다. 그러나 그(신)는

신이 아니다/ 그 신이 단지 만족시킨다(면)/ 지성인들을, 그(신)가

혹시라도 그러하다면. 신은: 신이 되기 위해/ 통치해야만 한다/ 그 마음heart

을 그리고 변형시켜야 한다/ 그것을. 그(신)는 표현해야만 한다/ 그 자신을/

모든 가장 작은 행동에서/ 그(신)의 숭배자의. 이것은 오직 되어질 수 있다/

한 분명한 깨달음(인식)을 통하여, 더 실제적으로/ 그

다섯 가지 감각들senses이 생산할 수 있는 것 보다.

Sense perceptions can be and _____ are false and deceptive, however real they _____ appear to us. Where there is realization outside the senses, it is infallible. It is proved not by extraneous evidence but in the transformed conduct and _____ of those who have felt the real presence of God within. Such testimony is to be found in the experiences of an unbroken line of prophets and sages in all countries and climes. To reject this evidence is to deny oneself. This realization is preceded by an immovable faith. He who would in his own _____ test the fact of God's presence can do so by a living faith and since faith itself cannot be proved by extraneous evidence the safest course is to believe in the moral _____ of the world and therefore in the supremacy of the moral law, the law of truth and love.

믿음을 설득할 수 있는가

Exercise of faith will be the _____ where there is a clear determination summarily to reject all that is contrary to truth and love. I confess that I have no _____ to convince through reason. Faith transcends reason. All that I can advise is not to attempt the impossible.

Indolence is a delightful but distressing state; we must be doing something to be happy.

감각 인식들은 (틀리고 현혹할) 수 있고 자주_often_

틀리고 현혹한다, 그러나 실제적(으로) 그것들이 나타날 것 같다_may_/

우리에게. 어디에서 (깨달음이 있는 곳에서는/ 그

감각들 바깥쪽에서) 그것은 오류가 없다. 그것은 증명된다/ 외부적인

증거에 의해서가 아니라/ 그러나 그 변형된 행동과

성격_character_에 의하여/ 저 사람들의 저 사람들은 느꼈다/ 그 실제 존재를(현

존을)/ 신의/ 내적으로(마음속에). 그러한 증언은 발견된다/

그 끊기지 않는 연장선으로의 그 경험들에서/ 예언자들과

현자들의/ 모든 국가들과 지역들에서. 거부하는 것은

이 증거를/ 부인하는 것이다 자신을. 이 깨달음은

선행된다/ 부동의 믿음에 의해(군건한 믿음이 깨달음을 준다). 그는 (그 사람

은 그의 자신의 사람_person_ 안에서 시험하려고 한다/ 그 신이 존재한다는 사

실을) 그렇게 할 수 있다/ 살아있는 믿음으로서/ 그리고 믿음 그 자체가

증명될 수 없이 때문에/ 외부적인 증거에 의하여/ 가장 안전한

과정(길)은 믿는 것이다/ 그 (신의) 도덕적인 통치_government_를/

세계의/ 그러므로/ 최고위를 (믿는 것이다)/

도덕적 법의, 진리와 사랑의 법이라는.

믿음의 실행은 가장 안전할_safest_ 것이다/ 거기(그 지점)에서

한 분명한 결정이 있다/ 즉결로 거부할 모든 것을/ 그 모든 것은

정반대이다/ 진리와 사랑에. 나는 고백한다/ 한 문장을/ 나는 가지고 있지

않다고 어떤 논쟁_argument_을/ 설득하기 위한/ 이성을 통하여.

믿음은 초월한(넘어선)다/ 이성을. 모든 것은 (그 모든 것을 내가 조언할 수 있

다) 시도하지 말라는 것이다/ 불가능한 일을.

게으름은 기쁘지만 고통스러운 상태이다: 우리는 행복하기 위해 무언가를 해야만 한다.

TOP 10

산상수훈

Do to others
what you would have them do to you.

네가 그들이었다면 너에게 할 행동을 그들에게 해라.

예수 그리스도

구원자, 유대인의 왕, 하나님의 아들, 4남 2녀?중 첫째
4.4.17. B.C.? ~ A.D. 30.4.7.?

네 이웃을
사랑하라

신(여호와 하나님)께서 나(예수)를 통하여 이 세상을 창조했다. 세상을 창조한 이유는 천사보다 뛰어난 존재를 만들고 싶었기 때문이다. 천사들보다 뛰어나려면 천사들보다 큰 시련을 겪어야 한다.

일하고, 아이를 키우면서 사람들은 기쁨, 슬픔, 선악의 판단, 고통 등 신이 겪는 것과 비슷한 것들을 겪는다. 그러면서 자기 자신과 다른 사람들을 이해하고, 하나님을 조금이나마 이해할 수 있게 된다. 고난을 자세히 관찰해봐라. 모든 역경은 당신이 더 많은 사람들을 헤아림으로써 더 나은 사람으로 거듭나기 위한 것이다.

더 많은 사람을 이해하면 그 사람들에게 진심으로 봉사할 수 있다. 어른들이 아이들을 돌보기에 어른들은 아이들보다 더 큰 자이다. 내가 믿는 사람들을 돌보고, 아버지께서 세상의 모든 사람들을 돌보듯, 더 많은 사람에게 봉사할 수 있는 사람이 더 큰 사람이다. 더 큰 사람은 더 많은 선물을 갖고 더 행복하게 된다.

너희가 더 행복하기를 바란다. 그러려면 더 많은 사람을 이해해야 하고, 그 사람들이 원하는 것을 줘야 한다. 그만큼 네가 행복해질 것이다. 네 이웃에게 베푼다면, 그만큼 그 이웃이 당장 갚지는 못해도, 하나님께서는 꼭 그 이상으로 갚아주신다.

원하는 것이 있으면 이루어졌다고 믿고 최선을 다하라. 나도 최선을 다해 돕겠다. 아버지께서 우리를 사랑하시는 것처럼, 내가 목숨을 바쳐 너희들을 사랑하는 것처럼, 너희들도 서로 사랑하라.

여호와(하나님)

이는 내 사랑하는 아들이니 너희는 그의 말을 들으라. (마가복음 9:7)

마하트마 간디

나는 예수를 좋아하지만, 기독교인들은 좋아하지 않는다. 기독교인들은 예수와 닮지 않았다.

goo.gl/fs9qiq

산상수훈

난이 ★★★
재미 ★★
감동 ★★★★
교훈 ★★★★★

구약에서 가장 중요한 인물은 '모세'이다. 이집트의 지배로 약 400년간 유대인들이 고통받고 있을 때 모세가 태어난다. 파라오(세누세르트 3세)왕은 사내아기를 모두 죽였지만, 모세는 하나님의 뜻에 의해 죽지 않았다.

40년간 이집트의 왕궁에서, 40년간 광야에서 목자로 있던 중 신의 부름을 받는다. 신께서는 모세를 통해 10가지 재앙으로 유대인들을 이집트에서 가나안으로 구출해낸다. 그리고 모세는 시내 산에 올라가 40일간 물을 비롯해 모든 음식을 먹지 않고 10가지 율법(십계명)을 받아 온다.

모세의 십계명으로 큰 문제는 해결할 수 있지만, 세세한 부분은 개개인이 판단할 수 밖에 없었다. 또한, 율법자체에 매이다보니, 그 내면에 있는 하나님의 사랑을 깨우치기 어려운 점도 있었다.

신약에서 가장 중요한 인물은 '예수'이다. 모세가 죽은 후 약 1300년 후, 로마의 지배로 약 40년간 유대인들이 고통받고 있을 때 예수가 태어난다. 그 당시 헤롯왕은 사내아기를 모두 죽였지만, 예수는 도망가서 살 수 있었다.

세례요한의 세례를 받은 뒤 40일간 물을 비롯해 모든 음식을 먹지 않고, 사탄의 시험을 이긴 후에 '회개하라 천국이 가까웠느니라'고 천국복음을 전파하셨다. 이후에 전하신 말씀이 산상수훈이다.

예수께서는 십계명보다 더 바르게 살고 싶은 사람들에게 새로운 율법을 주셨다. 그 구체적인 내용은 산상수훈에 담겨있다. 또한, 예수께서 이 세상을 어떻게 다스릴 것인지, 예수님을 믿는 사람들은 어떻게 살아야 하는지, 어떤 삶을 살게 될 것인지 알 수 있다.

mountainside	산비탈	deed	행동
disciple	제자	praise	칭찬하다, 찬양하다
mourn	슬퍼한다	abolish	폐지하다
comforted	위로받은	prophet	선지자
meek	온순한	disappear	사라지다
inherit	상속받다	stroke	획
pure	순결한	accomplished	성취된
peacemaker	평화주의자	accordingly	그것에 따라
persecuted	핍박받은	practice	실천하다
falsely	속여서	righteousness	의로움이
rejoice	크게 기뻐한다	surpass	능가하다
saltiness	짠맛	certainly	확실히
bowl	그릇		

falsely ❶		ⓐ 슬퍼한다
rejoice ❷		ⓑ 칭찬하다, 찬양하다
disciple ❸		ⓒ 제자
mourn ❹		ⓓ 크게 기뻐한다
persecuted ❺		ⓔ 폐지하다
abolish ❻		ⓕ 속여서
praise ❼		ⓖ 선지자
inherit ❽		ⓗ 상속받는다
practice ❾		ⓘ 핍박받은
prophet ❿		ⓙ 실천하다

Repent, for the kingdom of heaven is near.

Blessed are the poor in spirit.
어떤   상태모습이다   누가

축복받는다/ 그 영혼이 가난한 사람들은.

강조하는 말이 문장 앞으로 나오면 조동사(do, will, can 등)나 be동사(am, are, is 등)를 주어 앞에 쓴다. 그렇게 주어와 조동사의 순서가 바뀐 것을 '도치'라고 한다. 도치되기 전의 문장은 The poor in spirit are blessed.

1.Blessed are the pure in heart.

축복받는다/ _____.

2.Great is your reward in heaven.

대단하다/ _____.

3.Wide is the gate.

넓다/ _____.

4.Beyond doubt can we be certain. (J. F.케네디 6)

의심을 넘어서/ 우리는 _____.

5.Nor will it be finished in 1000 days. (J. F.케네디 8)

아닐 것이다/ _____.

관련단원 4시간에 끝내는 영화영작: 완성패턴 9단원(p.50)

Words 1/5: 1f 2d 3a 4a 5i / 6e 7b 8h 9j 10g
Grammar Pattern: 1.마음이 순결한 사람들은 2.천국에서의 너의 상이
3.그 문은 4.확신할 수 있다
5.그것이 1000일 만에 끝내지는 것은

회개하라. 왜냐하면 하늘의 왕국이 가까이에 있기 때문이다.

산상수훈의 도입부

Now when he saw the crowds, he went up on a mountainside and sat down. His disciples came to him, and he began to teach them, _____ :

8가지 참 행복

Blessed are the _____ in spirit, for theirs is the kingdom of heaven. Blessed are those who mourn, for they will be comforted. Blessed are the meek, for they will inherit the _____. Blessed are those who hunger and thirst for righteousness, for they will be _____. Blessed are the merciful, for they will be shown mercy. Blessed are the pure in heart, for they will see God. Blessed are the peacemakers, for they will be _____ sons of God. Blessed are those who are persecuted because of righteousness, for theirs is the kingdom of heaven. Blessed are you when people insult you, persecute you and falsely say all kinds of _____ against you because of me. Rejoice and be glad, because great is your reward in heaven, for in the same way they persecuted the prophets who were before you.

A new command I give you: Love one another. As I loved you, so you must love one another.

지금 그가 봤을 때 / 그 군중들을, 그는 올라갔다 / 한

산비탈로 / 그리고 앉았다 / 아래로. 그의 제자들은 왔다 /

그에게, 그리고 그는 시작했다 / 가르치는 것을 / 그들을, 말하면서saying:

축복받는다 / 그 가난한poor 사람들은 / 영혼 안에서, 왜냐하면 그들의 것이

다 / 그 하늘의 왕국은. 축복받는다 / 저 사람들은 / 그 사람들은 슬퍼한다,

왜냐하면 그들은 / 위로받을 것이다. 축복받는다 / 온순한 사람들은,

왜냐하면 그들은 상속받을 것이다 / 그 땅earth을. 축복받는다 /

저 사람들은 / 그 사람들은 굶주리고 목마르다 / 의로움을 위해, 왜냐하면

그들은 / 채워질filled 것이다. 축복받는다 / 그 자비로운 사람들은,

왜냐하면 그들은 보여질 것이다 / 자비를. 축복받는다 / 그

순결한 사람들은 / 마음에, 왜냐하면 그들은 볼 것이다 / 하나님을. 축복받는다 /

그 평화주의자들은, 왜냐하면 그들은 / 불려질called 것이다 / 아들들이라고 /

하나님의. 축복받는다 / 저 사람들은 / 그 사람들은 / 핍박받는다 /

의로움 때문에, 왜냐하면 그들의 것이다 / 그 왕국은 /

천국의. 축복받는다 / 너희들은 / 사람들이 모욕할 때 /

너희들을, 핍박할 (때) 너희들을 / 그리고 속여서 말할 (때) / 모든 종류를 /

악evil의 / 너희들을 향해 / 나 때문에. 크게 기뻐하라 / 그리고

기뻐하라, 왜냐하면 너의 상은 크다 / 천국에서, 왜냐하면 /

그 같은 방법으로 / 그들은 핍박했다 / 그 선지자들을 / 그 사람들은 /

너보다 앞서 있는.

새로운 계명을 주겠다. 서로 사랑하라. 내가 너희들을 사랑해온 것처럼, 너희들도 서로 사랑해야 한다.

Sermon on the Mount, 29

You are the _____ of the earth. But if the salt loses its saltiness, how can it be made salty _____? It is no longer good for anything, except to be thrown out and trampled by men. You are the light of the world. A city on a _____ cannot be hidden. _____ do people light a lamp and put it under a bowl. Instead they put it on its stand, and it gives light to everyone in the house. In the same way, let your light shine before men, (so) that they may see your good deeds and praise your Father in heaven.

산상수
있었던
(팔복/

2013
Andy Morga

And surely I am with you always, to the very end of the age.

너는 그 소금salt이다/ 세상의. 그러나 그

소금이 잃는다면/ 그것의 짠맛을, 어떻게 그것이 만들어질 수 있는가/ 짜게

다시again? 그것은 더 이상 좋지 않다/ 어떤 것을 위해서도,

던져지는 것을 제외하고/ 밖으로/ 그리고 밟히는/ 사람들에 의해. 너는

그 빛이다/ 세상의. 한 도시는 (한 언덕hill에 있는)

숨겨질 수 없다. 또한 ~하지 않는다Neither/ 사람들은 밝히지 않는다/

한 등을/ 그리고 놓지 않는다/ 그것을 한 그릇 아래에. 대신에/ 그들은 놓는다/

그것을/ 그것의 세워두는 곳에, 그리고 그것은 준다/ 빛을/ 모든 사람에게/ 그

집안의, 같은 방법으로, 허락해라 너의 빛을 빛나도록/

사람들 앞에서, 저렇게 그들이 보도록 하기 위해/ 너의 좋은 행동들을/ 그리고

찬양할 것이다/ 너의 아버지를/ 천국에 있는.

심지어 이 세대의 끝까지 나는 분명히 너희와 항상 함께 있을 것이다.

Sermon on the Mount, 29

Do not think that I have come to abolish the Law or the Prophets; I have not come to abolish them but to _____ them. I tell you the truth, until heaven and earth disappear, not the smallest letter, not the least stroke of a pen, will by any means disappear from the Law until everything is accomplished.

Anyone who _____ one of the least of these commandments and teaches others to do the same will be called least in the kingdom of heaven, but whoever practices and teaches these commands will be called great _____ the kingdom of heaven.

For I tell you that unless your righteousness surpasses that _____ the Pharisees and the teachers of the law, you will certainly not _____ the kingdom of heaven.

예수님
연설ㅎ
위치야
내려디
산(팔

2013
Andy Morga

Let the one among you who is without sin be the first to cast a stone

생각하지 마라/ 한 문장을/ 내가 왔다고/ 폐지하기 위해<u>to</u>/ 그 율법을

또는 그 선지자들을; 나는 오지 않았다/ 폐지하기 위해/ 그것들을/

그러나/ 달성하기<u>fulfill</u> 위해 그것들을. 나는 말한다/ 너에게 그 진실을,

천국이 그리고 지구가 사라질 때까지, 그 가장 작은

문자도 아닐 것이다, 그 가장 작은 획도 아닐 것이다/ 한 펜의, 어떤

경우에도 사라지지 않을 것이다/ 그 율법으로부터/ 모든 것이

성취될 때까지.

누구든 (그 누구는 어겼다<u>breaks</u>/ 하나를/ 그 가장 작은 것의/ 이

율법들의/ 그리고 가르친다/ 다른 사람들에게/ 하라고 그 같은 것을)

불려질 것이다/ 가장 작은/ 그 왕국에서/ 천국의, 그러나

누구든지 실천하면/ 그리고 가르치면/ 이 명령들을/

불려질 것이다/ 대단하게/ 그 왕국 안에서<u>in</u>/

천국의.

왜냐하면 나는 말한다/ 너에게/ 한 문장을/ 너의 의로움이

능가하지 않는다면/ 저것을/ 그 바리새인(율법주의자)들의<u>of</u>/ 그리고

그 선생들을/ 그 율법의, 너는 확실히

들어가지<u>enter</u> 못할 것이다/ 그 왕국을/ 천국의.

murder	살인하다	commit	범하다
subject to	~을 당하게 만들다	lustfully	음탕하게
judgment	재판	sin	죄(짓다)
answerable	설명해야 하는	gouge out	도려내다
court	법원	thrown	던져지는
offering	바치는 중인	divorce	이혼하다
altar	제단	certificate	증서
reconciled	화해된	immorality	부도덕함
settle	합의하다	victim	희생자
adversary	적	adultery	간통죄
hand over	넘겨주다	oath	서약
officer	경찰관	fulfill	달성하다
penny	동전	swear	맹세하다

reconciled	❶	ⓐ	~을 당하는
subject to	❷	ⓑ	법원
settle	❸	ⓒ	화해된
court	❹	ⓓ	살인하다
murder	❺	ⓔ	합의하다
commit	❻	ⓕ	재판
judgment	❼	ⓖ	죄(짓다)
divorce	❽	ⓗ	증서
sin	❾	ⓘ	이혼하다
certificate	❿	ⓙ	범하다

Whoever wants to be first must be slave of all.

footstool	발받침	the unrighteous	옳지 않은 사람들
simply	단순히	pagan	이교도인
evil	악한	practice	실행하다
resist	저항하다	the needy	어려운 사람들
slap	후려친다	announce	알리다
cheek	뺨	hypocrite	위선자
sue	청구하다, 고소하다	synagogue	회당
hand over	건네다	honored	명예로운
force	강요하다	in full	전부
turn away	돌려보내다	needy	궁핍한
enemy	적	so that	~하기 위해
pray	기도하다	in secret	비밀리에
persecute	박해하다	done	되어진

the needy	❶	ⓐ	박해한다
in full	❷	ⓑ	저항하다
pagan	❸	ⓒ	기도하다
turn away	❹	ⓓ	뺨
resist	❺	ⓔ	이교도인
persecute	❻	ⓕ	위선자
cheek	❼	ⓖ	돌려보내다
pray	❽	ⓗ	어려운 사람들
hypocrite	❾	ⓘ	전부

Words 2/5: 1c 2a 3e 4b 5d / 6g 7b 8i 9g 10h
Words 3/5: 1h 2i 3e 4g 5b / 6a 7d 8c 9f

누구든 첫 번째가 되고 싶다면 모두의 노예가 되어야 한다.

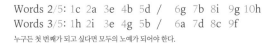

You have heard that it was said _____ the people long ago, 'Do not murder, and anyone who murders will be subject to _____.'

But I tell you that anyone who is angry with his brother will be subject to judgment. Again, anyone who says to his brother, 'Raca,' is answerable to the Sanhedrin. But anyone who says,

'You fool!' will be in _____ of the fire of hell. Therefore, if you are offering your gift at the altar and there remember that your brother has something against you, leave your gift _____ in front of the altar. First go and be reconciled to your brother; then come and _____ your gift.

Settle matters quickly with your adversary who is taking you to court. Do it while you are still with him on the way, or he may hand you over to the judge, and the judge may hand you over to the officer, and you may be thrown into _____.

I tell you the truth, you will not get out until you have paid the last penny.

너는 들었다/ 한 문장을/ 그것이 말해졌다고/ 그

사람들에게<u>to</u> 오래전에, '살인하지 마라, 그리고 누구든 (그 누구는

살인한다) 겪을 것이다/ 재판<u>judgment</u>을.'

그러나 나는 말한다/ 너에게/ 한 문장을/ 누구든 화내면/ 그의

형제에게/ 겪을 것이다/ 재판을. 다시 말해, 누구든

(그 누구는 말한다/ 그의 형제에게, '라가(쓸모없는),') 설명해야 한다/ 그

의회에. 그러나 누구든 (그 누구는 말한다,

"너는 바보!"를) 위험<u>danger</u>에 있을 것이다/ 그 불의/ 지옥의.

그러므로, 네가 바치는 중이라면/ 너의 선물을/ 그

제단에/ 그리고 거기에서 기억한다면/ 한 문장을/ 너의 형제가 가진다고/

무언가를/ 너에게 맞서서, 남기고 떠나라/ 너의 선물을 거기에서<u>there</u>/

그 제단의 앞에. 먼저 가라/ 그리고 화해되어라

너의 형제에게; 그리고 나서 와라/ 그리고 바쳐라<u>offer</u>/ 너의 선물을.

합의해라/ 문제들을 빠르게/ 너의 적과/ 그 적은

가져가는 중이다/ 너를/ 법원으로. 해라/ 그것을/ 여전히 함께할 때/

그와/ 그 길에서, 또는 너의 그가 넘겨줄 것 같다/너를/ 그

판사에게, 그리고 그 판사는 넘겨줄 것 같다/ 너를 그

경찰관에게, 그리고 너는 던져질 것 같다/ 감옥<u>prison</u> 안쪽으로.

나는 말한다/ 너에게 그 진실을, 너는 생기지(나오지) 않을 것이다/ 밖으로/

네가 지불할 때까지/ 그 마지막 동전을.

누구든 나의 제자가 되기를 원한다면, 스스로를 부인하고 자기 십자가를 지고 나를 따라야 한다.

Sermon on the Mount, 29

You have heard that it was said, 'Do not commit adultery.' But I tell you that anyone who looks at a woman lustfully has already committed adultery with her in his _____. If your right eye causes you to sin, gouge it out and throw it away. It is better for you to lose one part of your body than for your whole body to be thrown _____ hell. And if your right hand causes you to sin, cut it off and throw it away. It is better for you to lose one part of your body than for your _____ body to go into hell.

이혼

It has been said, 'Anyone who divorces his _____ must give her a certificate of divorce.' But I tell you that anyone who divorces his wife, except for marital unfaithfulness, causes her to become an adulteress, and anyone who marries a divorced woman _____ adultery.

With man this is impossible, but with God all things are possible.

너는 들었다/ 한 문장을/ 그것이 말해졌다고. '범하지 마라/

간통죄를.' 그러나 나는 말한다/ 너에게/ 한 문장을/ 누구든 (그 누구는 본다/

한 여성을 음탕하게) 이미 범했다/ 간통죄를/

그녀와 함께/ 그의 마음heart 안에서. 너의 오른 눈이 야기시킨다면/

너를/ 죄짓도록, 도려내라/ 그것을/ 그리고 던져라/ 그것을 멀리. 그것이

더 낫다/ 네가/ 잃는 것이 한 부분을/ 너의 몸의/ ~보다

너의 전체의 몸이/ 던져지는 것 보다/ 지옥 안으로into.

그리고 너의 오른손이 야기시킨다면/ 네가 죄짓도록, 잘라내라/ 그것을/

그리고 던져라/ 그것을 멀리. 그것은 더 낫다/ 네가 잃는 것이/ 한

부분을/ 너의 몸의/ 너의 전체의whole 몸이/

가는 것보다/ 지옥 안으로.

그것은 말해졌다, '누구는 (그 누구는 이혼한다/ 그의

아내wife와) 주어야 한다/ 그녀에게 한 증서를/ 이혼의.'

그러나 나는 말한다/ 너에게/ 한 문장을/ 누구는 (그 누구는 이혼한다/ 그의 아

내와, 부부의 불륜을 제외하고,) 만든다/ 그녀가

되도록/ 한 간통녀가, 그리고 누구는 (그 누구는 결혼한다/ 한

이혼한 여성과) 범한다commits/ 간통죄를.

Sermon on the Mount, 29

Again, you have heard that it was said to the people long ago, 'Do not break your oath, _____ keep the oath you have made to the Lord'

But I tell you, do not swear at all: either by heaven, for it is God's throne; or by the earth, for it is his footstool; or by Jerusalem, for it is the _____ of the Great King. And do not swear by your head, for you cannot make even one hair _____ or black. Simply let your 'Yes' be 'Yes' and your 'No', 'No'; anything beyond this comes _____ the evil one.

눈에는 눈

You have heard that it was said, 'Eye for eye, and tooth for tooth.'

But I tell you, do not resist an evil person. If someone strikes you on the _____ cheek, turn to him the other also. And if someone wants to sue you and take your tunic, let him have your cloak as well. If someone forces you to go one mile, go with him two miles. Give to the one who asks you, and do not turn away from the one who _____ to borrow from you.

다시 말해, 너는 들었다/ 한 문장을/ 그것이 말해졌다고/ 그 사람들에게

오래전에, '깨지 마라/ 너의 서약을, 그러나but 지켜라/

그 맹세들을/ 네가 만든/ 하나님께.'

그러나 내가 말한다/ 너에게, 맹세하지 마라/ 절대로: 또는 하늘에 (대고),

왜냐하면 그것은 하나님의 왕좌이다; 또는 땅에 (대고), 왜냐하면 그것은 그의

발 받침이다; 또는 예루살렘에 (대고), 왜냐하면 그것은 그 도시city이다/

그 대단한 왕의. 그리고 맹세하지 마라/ 너의 머리에,

왜냐하면 너는 만들 수 없다/ 심지어 한 머리카락도 하얗거나white

검게. 단순히 허락해라/ 너의 '네'는 '네'로, 그리고 '아니오'는

'아니오'로; 어떤 것은/ 이것을 넘는/ 온다/

악한 것으로부터from.

너는 들었다/ 한 문장을/ 그것이 말해졌다. '눈(으로 갚아라)/ 눈을 위한, 그리고

치아(로 갚아라)/ 치아를 위한.'

그러나 나는 말한다/ 너에게, 저항하지 마라/ 한 악한 사람을.

어떤 사람이 친다면/ 너를/ 그 오른right뺨에, 돌려라/

그들에게 그 다른 쪽 뺨도. 그리고 어떤 사람이 원한다면/ 청구하는 것을/

너에게/ 그리고 원한다면 가져가는 것을/ 너의 윗옷을, 가지게 해라/ 너의 외투

도. 누군가가 강요한다면/ 네가/ 가는 것을 1마일(1.6km)을, 가라/

그들과 함께 2마일(3.2km)을. 줘라/ 그 사람에게/ 그 사람은 요구한다/ 너에게,

그리고 거절하지 마라/ 그 사람으로부터/ 그 사람은 원한다wants/

빌리는 것을/ 너로부터.

왜냐하면 하나님이 이 세상을 아주 사랑하셔서, 그가 그의 하나뿐인 아들을 주셨다.

Sermon on the Mount, 29

You have heard that it was said, 'Love your
_____ and hate your enemy.'
But I tell you, love your enemies and pray for those
who persecute you, so that you may be sons of your
Father in heaven. He _____ his sun to rise
on the evil and the good, and sends rain on the
righteous and the unrighteous. If you love those who
love you, what reward will you get? Are not even the
_____ collectors doing that? And if you greet
only your brothers, what are you doing more than
others? Do not even pagans do that? Be perfect,
_____, as your heavenly Father is perfect.

기부

Be careful not to do your _____ of righteousness
before men, to be seen by them. If you do, you will
have no reward from your Father in heaven.
So when you give to the needy, do not announce it
with trumpets, as the hypocrites do in the synagogues
and _____ the streets, to be honored by men. I tell
you the truth, they have _____ their reward
in full. But when you give to the needy, do not let
your left hand know what your right hand is doing, so
that your giving may be in secret. Then your Father,
who sees what is done in secret, will reward you.

Give, and it will be given to you. A good measure will be poured into your lap.

너는 들었다/ 한 문장을/ 그것은 말해진다, '사랑해라 너의
이웃neighbor을/ 그리고 미워해라/ 너의 적을.'
그러나 나는 말한다, 사랑해라너의 적들을/ 그리고 기도해라/ 저 사람들을 위
해/ 그 사람들은 박해한다/ 너를, 저것으로 너는 아들들이기 위해/ 너의
아버지의/ 천국에 있는. 그는 야기시킨다causes/ 그의 태양을/ 떠오르도록/
악한 사람들에게/ 그리고 좋은 사람들에게, 그리고 보낸다/ 비를 그
의로운 자들에게 그리고 의롭지 않은 자들에게. 네가 사랑한다면 저 사람들을/ 그
사람들은 사랑한다/ 너를, 무슨 상을/ 네가 가질 것인가?
세금tax 징수자들도 하는 중이 아닌가 저렇게? 그리고 네가 인사한다면
오직 너의 형제들에게, 무엇을 너는 하는 중인가/ 더 많이/
다른 사람들보다? 하지 않는가/ 심지어 이교도인들도 저렇게? 완벽해라,
그러므로therefore, 너의 천국의 아버지가 완벽한 것처럼.

조심스러워 해라/ 하지 않도록 너의 올바른 행동들acts을/
사람들의 앞에서/ 보여지기 위해/ 그들에 의해. 네가 한다면, 너는
가질 것이다/ 상이 없음을/ 너의 아버지로부터/ 천국의.
그래서 네가 줄 때/ 어려운 사람들에게, 알리지 마라/ 그것을
트럼펫들과 함께, 그 위선자들이 하는 것처럼/ 그 회당들에서/
그리고 길거리에서on, 명예롭기 위해/ 사람들에 의해. 나는 말한다/
너에게 그 진실을, 그들은 받았다received/ 그들의 보상을/
전부. 그러나 네가 줄 때/ 그 궁핍한 사람들에게, 허락하지 마라/
너의 왼손이 아는 것을/ 무엇을/ 너의 오른손이 하는 중인지, 너의
주는 것이 ~이기 위해/ 비밀리인. 그러고 나서 너의 아버지,
(그 아버지는 본다/ 무엇이 되어지는지/ 비밀리에), 보상할 것이다/ 너에게.

줘라, 그러면 너에게 돌아올 것이다. 한 좋은 양이 너의 허벅지에 넘쳐 흐를 정도로 쏟아 부어질 것이다.

hypocrite	위선자	fasting	금식하는 중인
synagogue	회당	store up	쌓다
corner	모퉁이	moth	나방, 좀
unseen	보이지 않는	rust	녹
hallowed	신성해진	break in	침입한다
daily	매일의	master	주인
debt	빚(죄)	despise	경멸하다
temptation	유혹	serve	섬기다
forgive	용서하다	sow	씨 뿌리다
sin	죄	reap	수확하다
somber	우울한	add	더하다
disfigure	흉하게 한다	labor	노동(하다)

store up	❶	ⓐ	쌓다
synagogue	❷	ⓑ	침입한다
somber	❸	ⓒ	신성해진
temptation	❹	ⓓ	회당
fasting	❺	ⓔ	금식하는 중인
hallowed	❻	ⓕ	유혹
disfigure	❼	ⓖ	우울한
unseen	❽	ⓗ	보이지 않는
break in	❾	ⓘ	흉하게 한다
despise	❿	ⓙ	경멸하다

See you are well again. Stop sinning or something worse may happen to you.

splendor	화려함	inwardly	마음속으로
judge	판단하다	thornbush	가시덤불
measure	척도	thistle	엉겅퀴
speck	얼룩, 티끌	Lord	주님
attention	집중	prophesy	예언하다
plank	널빤지	drive out	몰아내다
sacred	신성한	plainly	분명히
trample	짓밟다	evildoer	악을 행하는자
seek	찾는다	practice	실천(하다)
sum up	요약한다	stream	개울
narrow	좁은	foundation	기초
broad	넓은	crash	꽝음
false	거짓	authority	권위

sacred	❶	❸	요약한다
inwardly	❷	❺	짓밟다
measure	❸	❻	널빤지
trample	❹	❼	척도
Lord	❺	❽	기초
plank	❻	❻	권위
sum up	❼	❼	신성한
authority	❽	❼	마음속으로
foundation	❾	❶	주(인)님

Words 4/5: 1a 2d 3g 4f 5e / 6c 7i 8h 9b 10j
Words 5/5: 1g 2h 3d 4b 5i / 6c 7a 8f 9e
봐라. 네가 다시 건강해졌다. 죄짓지 마라. 그렇지 않으면 더 심한 것이 너에게 생길 수도 있다.

Sermon on the Mount, 29

And when you pray, do not _____ like the hypocrites, for they love to pray standing in the synagogues and on the street corners to be seen by men. I tell you the truth, they have received their reward in _____. But when you pray, go into your room, close the _____ and pray to your Father, who is unseen. Then your Father, who sees what is done in _____, will reward you. And when you pray, do not keep on babbling like pagans, for they think they will be heard because of their many words. Do not be like them, for your Father knows what you need before you ask him. "This, then, is how you should pray": 'Our Father in heaven, hallowed be your _____, your kingdom come, your will be done, on earth as it is in heaven. Give us _____ our daily bread. Forgive us our debts, as we also have forgiven our debtors. And lead us not into temptation, but _____ us from the evil one.'

For if you forgive men when they sin against you, your heavenly Father will also forgive you. But if you do not forgive men their sins, your Father will not forgive your sins.

Whoever believes in Jesus shall not perish but have eternal life.

그리고 네가 기도할 때, 그

위선자들 같이 되지<u>be</u> 마라, 왜냐하면 그들은 사랑한다/ 기도하는 것을 서

서/ 그 회당들 안에서/ 그리고/ 길거리의 모퉁이들에서/ 보여지기 위해/

사람들에 의해. 나는 말한다/ 너에게 그 진실을, 그들은 받았다/ 그들의

상을/ 전부<u>full</u>. 그러나 네가 기도할 때, 가라/

너의 방 안으로, 닫아라/ 그 문<u>door</u>을/ 그리고 기도해라/ 너의

아버지에게, 그 아버지는 보이지 않는다. 그러고 나서 너의 아버지, (그 아버지

는 본다/ 무엇이 되었는지/ 비밀리<u>secret</u>에), 보상할 것이다/ 너에게.

그리고 네가 기도할 때, 유지하지 마라/ 수다스럽게/

이방인들처럼, 왜냐하면 그들은 생각한다/ 그것들이 들려질 것이라고/

그들의 많은 말 때문에. 그들 같이 마라, 왜냐하면 너의

아버지는 안다/ 무엇을 네가 필요한지/ 네가 묻기 전에/ 그에게.

"이것은, 그러면, 어떻게 네가 기도해야하는 것(방법)이다:"'우리의 아버지

는/ 천국에 계신, 신성해진다/ 당신의 이름<u>name</u>은, 당신의 왕국은

온다/, 당신의 뜻은 이뤄질 것이다, 땅에서/ 그것이 하늘에서처럼.

줘라/ 우리에게 오늘<u>today</u> 우리의 매일의 빵을. 용서해라/ 우리에게 우리의

빚(죄)들을, 우리가 또한 용서한 것처럼/ 우리의 빚진 자들을. 그리고

이끌어라/ 우리를 유혹 안으로가 아니라, 구해라<u>deliver</u>/ 우리를/

그 악한 것으로부터.'

왜냐하면 네가 용서하면/ 사람들을/ 그들이 죄지었을 때/ 너에 대하여,

너의 천국의 아버지는 또한 용서할 것이다/ 너를. 그러나

네가 용서하지 않는다면/ 사람들에게 그들의 죄들을, 너의 아버지는 용서하

지 않을 것이다/ 너의 죄들을.

누구든 예수를 믿으면 소멸되지 않고 영원한 생명을 가질 것이다.

금식

Sermon on the Mount, 29

When you _____, do not look somber as the hypocrites do, for they disfigure their faces to show men they are fasting. I tell you the truth, they have received their reward in full. But when you fast, put _____ on your head and wash your face, so that it will not be _____ to men that you are fasting, but only to your Father, who is unseen; and your Father, who sees what is _____ in secret, will reward you.

천국 안의 보물

Do not store up for yourselves _____ on earth, where moths and rust destroy, and where thieves break in and steal. But store up for yourselves treasures in heaven, where moths and rust do not destroy, and where thieves do not break in and steal. For where your treasure is, there your heart will be also. Your eye is the _____ of the body. If your eyes are good, your whole body will be full of light. But if your eyes are bad, your whole body will be full of darkness. If then the light within you is darkness, how great is that darkness! No one can serve two masters. Either he will hate the one and love the other, or he will be devoted to the one and despise the other. You cannot serve both God and money.

Blessed rather are those who hear the word of God and obey it.

네가 금식할fast 때, 보이지 마라/ 우울하게/ 그

위선자들이 하는 것처럼, 왜냐하면 그들은 흉하게 한다/ 그들의 얼굴들을/ 보

여주기 위해/ 사람들에게/ 그들의 금식 중이라고. 내가 말한다/ 너에게 그 진실

을, 그들은 받았다/ 그들의 보상을/ 전부. 그러나 네가 금식할 때, 발라라/

기름oil을/ 너의 머리에/ 그리고 씻어라/ 너의 얼굴을,

그것이 명백하obvious지 않도록/ 사람들에게/ 네가

금식하는 중이라고, 그러나 오직 너의 아버지에게, 그 아버지는 보이지 않는다:

그리고 너의 아버지는, (그 아버지는 본다/ 무엇이 되어지는done지/

비밀리에), 보상할 것이다/ 너에게.

쌓지 마라/ 너희 자신들을 위해서 보물들treasures을/

지상에/, 그곳에서 좀먹는 것들과 녹스는 것이 파괴한다, 그리고 그곳에서

도둑들은 침입한다/ 그리고 훔친다. 그러나 쌓아라/ 너희 스스로를 위해

보물들을/ 천국에, 그곳에서 좀먹는 것들과 녹스는 것은

파괴하지 않는다. 그리고 그곳에서 도둑들은 침입하지 않는다/ 그리고 훔치

지 (않는다). 왜냐하면 어떤 장소에 너의 보물은 있다. 그곳에서 너의 마음이

또한 있을 것이다. 너의 눈은 전등lamp이다/ 그 몸의. 너의

눈이 좋으면, 너의 전체의 몸은 가득 찰 것이다/ 빛으로.

그러나 너의 눈들이 나쁘다면, 너의 전체의 몸은 가득찰 것이다/

어둠으로. 그렇다면 그 빛은/ 네 안의/ 어두움이라면,

얼마나 큰가/ 저 어두움을! 어떤 사람도 섬길 수 없다/ 두

주인들을. 그는 싫어하거나/ 그 한 사람을 그리고 사랑하거나/ 그

다른 사람을, 또는 그는 헌신할 것이다/ 그 한 사람을/ 그리고 경멸할 것이다/

그 다른 사람을. 너는 섬길 수 없다/ 둘 다를 하나님/ 그리고 돈 (둘 다를).

하나님의 말을 듣고 순종하는 사람은 상당히 축복받는다.

Sermon on the Mount, 29

Therefore I tell you, do not worry about your

_____, what you will eat or drink; or about your

body, what you will _____. Is not life more

important than food, and the body more important

than _____? Look at the birds of the air;

they do not sow or reap or store away in barns, and

yet your heavenly Father feeds them. Are you not

much more valuable than they?

Who of you by worrying can add a single hour to

his life? And why do you worry about clothes? See

how the lilies of the field grow. They do not labor

or spin. Yet I tell you that not even Solomon in all

his splendor was _____ like one of these.

If that is how God clothes the grass of the field,

which is here today and tomorrow is thrown into

the fire, will he not much more clothe you — O you

of little faith? So do not worry, saying, 'What shall

we eat?' or 'What shall we drink?' or 'What shall

we wear?' For the pagans run _____ all these

things, and your heavenly Father knows that you

need them. But seek first his kingdom and his

righteousness, and all these things will be given

to you as well. Therefore do not worry about

tomorrow, for tomorrow will worry about itself.

Each day has _____ trouble of its own.

Seek his kingdom, and these things(clothes, food, drink) will be given to you as well.

그러므로 나는 말한다/ 너에게, 걱정하지 마라/ 너의

삶life에 대해, 무엇을 네가 먹을 것이거나/ 마실 것이거나; 또는 너의

몸에 대해, 네가 무엇을 입을wear 것이거나. 생명이 더

중요하지 않은가/ 음식보다/, 그리고 몸이 더 중요하지 않은가/

옷clothes보다? 봐라/ 새들을/ 그 공중의;

그들은 뿌리지 않고 수확하지 (않고) 저장하지 (않는다) 멀리/ 곳간들 안에, 그

런데도 불구하고 너의 천국의 아버지가 먹이신다/ 그들을. 너는

더욱더 많이 가치 있지 않은가/ 그것들보다?

너희들 중에 누가/ 걱정에 의해서/ 더할 수 있는가/ 단 한 시간을/

너의 삶에? 그리고 왜 너는 걱정하는가/ 옷에 대해? 봐라/

어떻게 그 백합들이/ 그 들판의/ 자라는지를. 그것들은 노동하지 않고/

실을 잣지 않는다. 그러나 나는 말한다/ 너에게/ 한 문장을/ 심지어 솔로몬도 아

니다/ 모든 그의 화려함이 입혀진dressed/ 하나처럼/ 이 새들의.

저것이 어떻게 신께서 입히는지라면 그 풀을/ 그 들판의,

그것은 여기 오늘있고/ 그리고 내일은 던져지는/

그 불 속으로, 그가 안 할 것인가/ 더욱더 많이 입힐 (것이지 않은가) 너를ㅡ 그

런 너는/ 적은 믿음을 가졌는가? 그래서 걱정하지 마라, 말하면서, '무엇을

우리가 먹어야 하는가?' 또는 '무엇을 우리가 마셔야 하는가?' 또는 '무엇을

우리가 입어야 하는가?' 왜냐하면 그 이방인들이 달린다/ 모든 이것들을 좇아

after, 그리고 너의 천국의 아버지는 안다/ 한 문장을/ 네가

필요하다는 것을/ 저것들을. 그러나 구하라 먼저 그의 왕국을/ 그리고 그의

의로움을, 그리고 모든 이것들은 주어질 것이다/

너에게 또한. 그러므로 걱정하지 마라/

내일에 대해, 왜냐하면 내일이 걱정할 것이다/ 그것 자신에 대해.

각각의 날은 가진다/ 충분한enough 문제를/ 그것이 가진 것의.

그의 나라를 추구해라. 그러면 이것들(옷, 음식, 음료수)이 또한 너에게 주어질 것이다.

Sermon on the Mount, 29

Do not judge, or you too will be judged. For in the same way you judge others, you will be judged, and _____ the measure you use, it will be measured to you. Why do you look at the speck _____ sawdust in your brother's eye and pay no attention to the plank in your own eye? How can you say _____ your brother, 'Let me take the speck out of your eye,' when all the time there is a plank in your own eye?

You hypocrite, first take the plank _____ your own eye, and then you will see clearly to _____ the speck from your brother's eye. Do not give dogs what is sacred; do not throw your pearls to pigs. If you do, they may trample them under their feet, and then turn and tear you to _____.

최후의

1536 ~ 1541
미켈란젤로 부오
시스티나 성당
천장 프레스코

Give to Caesar what is Caesar's, and to God what is God's.

판단하지 마라, 그렇지 않으면 너도 판단될 것이다. 왜냐하면 그

같은 방법으로/ 네가 판단한/ 다른 사람들을, 너는 판단될 것이다,

그리고 그 척도와 함께with/ 네가 사용하는, 그것은

측정될 것이다/ 너에게. 왜 너는 보는가/ 그 티끌을/

톱밥의of 너의 형제의 눈 안의/ 그리고 지불하는가/

어떤 집중도 아님을/ 그 널빤지를/ 네가 가진 눈 안의? 어떻게

너는 말할 수 있는가/ 너의 형제에게to/ '허락해라/ 내가 가져가도록/

그 티끌을 밖으로/ 너의 눈의.' 항상 그곳에는

한 널빤지가 있다/ 네가 가진 눈 안에?

너 위선자, 먼저 가져가라 그 널빤지를 밖으로out of/

네가 가진 눈의, 그리고 그다음 너는 볼 것이다/ 깨끗하게/

제거하는remove 것을/ 그 티끌을/ 너의 형제의 눈으로부터.

주지 마라/ 개들에게 무엇을/ 그 무엇은 신성해진; 던지지 마라/ 너의

진주들을/ 돼지들에게. 네가 한다면, 그들은 짓밟을 것 같다/ 그것들을/

그들의 발들 밑에, 그리고 나서 돌아서 찢을 것 같다/ 너를/

조각들pieces로.

가이사(세상)의 것은 가이사에게 주고, 하나님의 것은 하나님께 드려라.

Sermon on the Mount, 29

Ask and it will be given to you; seek and you will find; knock and the door will be _____ to you. For everyone who asks receives; he who seeks finds; and to him who knocks, the door will be opened. Which of you, if his son asks for bread, will give him a _____? Or if he asks for a fish, will give him a snake? If you, then, though you are evil, know how to give good gifts to your _____, how much more will your Father in heaven give good gifts to those who ask him! So in everything, do to others what you would _____ them do to you, for this sums up the Law and the Prophets.

좁은 문과 넓은 문

Enter _____ the narrow gate. For wide is the gate and broad is the _____ that leads to destruction, and many enter through it. But small is the gate and narrow the road that _____ to life, and only a few find it.

It is not the healthy who need a doctor, but the sick. I have not come to call the righteous, but sinners.

요구해라/ 그리고 그것은 주어질 것이다/ 너에게; 찾아라/ 그러면 너는

찾을 것이다; 두드리라/ 그러면 그 문은 열려질opened 것이다/

너에게. 왜냐하면 모든 사람은 (그 사람은 요구한다) 받는다; 그는 (그 사람은

찾는다) 찾는다; 그리고 그에게 (그 사람은 두드린다), 그 문은

열려질 것이다. 어느 누구는/ 너희들 중의, 그의 아들이 요구한다면/ 빵을 위해,

줄 것인가/ 그에게 한 돌stone을? 또는 그가 요구한다면/ 한

물고기를 위해, 줄 것인가/ 그에게 한 뱀을? 네가, 그렇다면,

네가 악할지라도, 안다/ 어떻게 줄 것인지/ 좋은 선물들을/ 너의

아이들children에게, 얼마나 더욱더 많이/ 너의 아버지는/

천국에 있는/ 줄 것인가/ 좋은 선물들을/ 저 사람들에게/ 그들은 요구한다/ 그

에게! 그렇게 모든 것에서, 해라/ 다른 사람들에게 무엇을/ 그 무엇을 너는

가지려have 한다/ 그들이 한다/ 너에게, 왜냐하면 이것이 요약한다/

그 법을/ 그리고 그 선지자들을.

들어가라/ 그 좁은 문을 통해서through. 왜냐하면 넓다

그 문은/ 그리고 넓다 그 길road은/ 그 길은 이끈다/

파멸로, 그리고 많은 (사람들이) 들어간다/ 그것을 통해서. 그러나 작은

그 문은 그리고 좁은 그 길은/ 그 길은 이끈다leads/

생명으로, 그리고 오직 적은 (사람들이) 찾는다/ 그것을.

건강한 사람은 의사가 필요하지 않고, 아픈 사람이 필요하다. 나는 의인을 부르러 온 게 아니라 죄인을 부르러 왔다.

Sermon on the Mount, 29

Watch out for false prophets. They come to you in sheep's clothing, but inwardly they are ferocious _____. By their fruit you will recognize them. Do people pick grapes from thornbushes, or figs from thistles? Likewise, _____ good tree bears good fruit, but a bad tree bears bad fruit. A good tree cannot bear bad fruit, and a bad tree cannot bear good fruit. Every tree that does not bear good fruit is cut down and thrown into the _____. Thus, by their fruit you will recognize them.

진실된 제자와 거짓된 제자

Not everyone who says to me, 'Lord, Lord,' will enter the kingdom of heaven, but only he who does the _____ of my Father who is in heaven. Many will say to me on that day, 'Lord, Lord, did we not prophesy in your name and in your name drive out demons and perform many _____?' Then I will tell them plainly, 'I never knew you. _____ from me, you evildoers!'

Whoever welcomes a little child like this in my name welcomes me.

조심해라/ 거짓 선지자들을. 그들은 온다/ 너에게/
양의 옷을 입고, 그러나 마음속으로 그들은 흉포한
늑대들wolves이다. 그들의 열매에 의해/ 너는 알아챌 것이다/ 그들을.
사람들은 따는가/ 포도들을/ 가시덤불들로부터, 또는 무화과들을/
엉겅퀴들로부터? 마찬가지로, 모든every 좋은 나무는 낳는다/
좋은 열매를, 그러나 한 나쁜 나무는 낳는다/ 나쁜 열매를. 한 좋은
나무는 낳을 수 없다/ 나쁜 열매를, 그리고 한 나쁜 나무는 낳을 수 없다/
좋은 열매를. 모든 나무는 (그 나무는 낳지 않는다/ 좋은
열매를) 잘려진다/ 아래로/ 그리고 던져진다/ 그 불fire 안쪽으로.
이와 같이, 그들의 열매에 의해/ 너는 알아챌 것이다/ 그들을.

모든 사람은 아닌 (그 사람은 말한다/ 나에게, '주님, 주님,'을)
들어갈 것이다/ 그 왕국을/ 천국의, 그러나 오직 그는 (그 사람은
한다/ 그 뜻will을/ 나의 아버지의/ 그 아버지는
천국에 있다. 많은 (사람들은) 말할 것이다/ 나에게/ 저 날에, '주님,
주님, 우리는 예언하지 않았습니까/ 당신의 이름 안에서/ 그리고
당신의 이름 안에서/ 몰아내지 않았습니까/ 악마들을/ 그리고 수행하지 않았
습니까 많은 기적들miracles을?'
그리고 나서, 나는 말할 것이다/ 그들에게 분명히, '나는 절대 알지 않는다/ 너
를. 멀리Away 있어라/ 나로부터, 너 악을 행하는 자들아!'

누구든 내 이름으로 이 작은 아이를 환대하면 나를 환대하는 것이다.

Therefore everyone who hears these words of mine and puts them _____ practice is like a wise man _____ built his house on the rock. The rain came down, the streams rose, and the winds _____ and beat _____ that house; yet it did not fall, because it had its foundation on the rock. But everyone who hears these words of mine and does not put them into practice is like a foolish man who built his house _____ sand. The rain came down, the streams rose, and the winds blew and beat against that house, and it fell with a great crash.

산산수훈이 끝나고

When Jesus had _____ saying these things, the crowds were amazed at his teaching, because he taught as one who had authority, but not _____ their teachers of the law.

최후의

예수님께
죽기 전
제자들과
함께한 식

1945
레오나르도 다

산타 마리아
델레 그라치에
식당 벽화

It is easier for a camel to go through the eye of a needle than for a rich man to enter the kingdom of God.

그러므로/ 모든 사람은 (그 사람은 듣는다/ 이 말을/ 내가 한/

그리고 놓아라/ 그것들을/ 실천 안으로into) 한 지혜로운

사람 같다/ 그 사람은who 지었다/ 그의 집을/ 그 바위에. 그

비가 왔다/ 밑으로, 그 물이 개울이 올랐다, 그리고 그 바람들이

불었고blew 쳤다/ 저 집에 맞서서against; 그러나

그것은 무너지지 않았다, 그것이 가졌기 때문에/ 그것의 기초를/ 그

바위에. 그러나 모든 사람들은 (그 사람들은 듣는다/ 이 말을/ 내가 한/

그리고 놓지 않는다/ 그것들을/ 실천 안으로) 한 멍청한

사람이다/ 그 사람은 지었다/ 그의 집을/ 모래에on. 그 비가

왔고, 물이 오르고, 바람이 불었다,

그리고 쳤다/ 저 집에 맞서서, 그리고 그것은 무너졌다fell/ 한 대단한

굉음과 함께.

예수께서 끝냈finished을 때/ 말하는 것을 이것들을,

그 군중들은 놀랐다/ 그의 가르침에,

그가 가르쳤기 때문에/ 한 사람처럼/ 그 사람은 가졌다/ 권위를, 그러나 않았

다/ 그들의 선생님들 같지as 않았다/ 그 율법의.

낙타가 바늘구멍으로 들어가는 것이 부자가 하나님의 나라에 들어가기보다 더 쉽다.

숨겨진 인물

180cm, 77kg, 1남 1녀 중 첫째
1964 ~

리뷰 쓰시는
모든 분들께
숨겨진 연설문
PDF를 드립니다.

10개의 연설을 선정하면서 안타깝게 수록하지 못한 연설입니다. 최종까지 남아있었던 유일한 여성 연사로, 이름을 들으면 누구나 알만한 분입니다. 남편이 더 유명하지만 자국 내에서는 남편보다 인기가 더 높습니다.

이 책이 도움이 됐다면, SNS 한군데(블로그, 카페, 페이스북, 인스타그램 등)와 온라인 서점 한군데에 리뷰를 부탁드립니다. 리뷰를 쓰신 후에 받으실 이벤트 참여주소 goo.gl/nusdzc 에 참여하시면, 모든 분들께 숨겨진 연설문을 보내드립니다. 당분간은 매주, 참여율이 낮아지면 한 달에 한 번은 숨겨진 연사의 강의를 보내드리겠습니다.

이벤트 참여 후에, 기다려도 파일이 오지 않으면 이벤트 페이지에 댓글을 남겨주세요. 댓글을 확인하면 바로 보내드리겠습니다.

더 많은 분들이 이벤트에 참여해서 이 책이 알려질 수 있도록 연설문 파일을 온라인상에서 공유하지 말아 주세요.

TOP 10 연설문을 구입해주셔서, 끝까지 읽어주셔서 고맙습니다. TOP 10 시리즈는 중고급 수준의 영어 학습자를 대상으로 기획했으며, 앞으로도 꾸준히(1~2년에 한 권은) 출간될 예정입니다.

goo.gl/fs9qiq

겨진 연설

이 ★★★
미 ★★
동 ★★★★
훈 ★★★

처음부터 세련미 넘치게 연설했던 것은 아니다. 2009년 4월 영국의 한 여학교에서의 연설은 다소 어수룩해 보인다. 원고를 여러 번 보고, 말을 더듬고, 드문드문 '어~'라고 소리내기도 한다. 그럼에도 매력적인 이유는 연설에 담긴 진정성 때문이다.

당시 이 학교는 20%가 난민이나 망명 신청자들의 자녀들이었다. 학생들의 언어가 55개에 이를 정도로 다양한 인종이 모여 있었다. 10대 임신율이 높았고, 열악한 환경에 있었다. 그 학생들을 바라보는 그녀의 눈빛은 딸을 걱정하고 용기를 주고 싶은 엄마의 눈빛이었다.

연설이 끝난 뒤, 그녀는 무대 뒤의 아이들을 한 명 한 명 안아주었고, 우르르 무대로 다가오는 아이들의 손을 잡아주고 안아주는 바람에 경호원들이 당황하기도 했다. 그만큼 아이들과 교육은 그녀에게 큰 이슈였다.

연설에 그치지 않고 2011년에는 그 학생들을 옥스퍼드 대학교에 초대하여 안부를 물었고, 1년 뒤인 2012년에는 십여 명의 학생들을 초대하였다. 끊임없는 관심과 사랑이 아이들을 바르고 행복하게 성장하게 함을 잘 알고 있었다. 그러한 진정성을 담은 연설은 예나 지금이나 우리를 똑같이 감동하게 한다.

처음부터 잘 하는 사람은 아무도 없다. 일단 시작하라. 시간이 단련하게 하라.

꾸준히 영어책을 출간할 수 있도록 열정, 건강, 시간, 환경, 지혜를 주신 **여호와**께, **예수**께 감사드립니다. 하나님을 사랑하는 것은 이것이니 우리가 그의 계명들을 지키는 것이라 그의 계명들은 무거운 것이 아니로다 요한 일서 5:3

책에 감성과 인간미를 한껏 불어 넣어준 **장위** 누나께 감사드립니다.
마음고생 많았던 아내 **이향은**과 **부모님들**(이순동, 김분란, 황오주, 김행자)께 감사드립니다.
타인을 위해 연설해주시고 책에 싣는 것을 허락해주신 11명의 **연사분**께 감사드립니다.
위키피디아를 비롯해 책에 실린 **이미지를** 만들어 주신 분들께 감사드립니다.
예수님의 산상수훈과 단어를 녹음해주신 Daniel Neiman (01077119447)께 감사드립니다.

영어와 디자인을 가르쳐 주신 선생님들(강수정, 김경환, 김태형, 문영미, 박태현, 안광욱, 안지미)께 감사드립니다.
제작에 큰 도움을 주신 천일문화사 **윤상영** 이사님, 보관과 배송에 힘써주시는 출마로직스 **윤한식** (01052409885) 대표님께 감사드립니다.

독자분들께 책을 소개, 판매해주시는 교보문고(김효영, 장은해, 허정범), 랭스토어(김선희, 한광석, 홍정일), 리디북스, 북센(송희수, 이선경), 반디앤루니스(박병찬, 김은진), 세원출판유통(강석도), 알라딘(김채희), 영풍문고(임두근, 장준석), 인터파크(김지현, 김희진), 한성서적(문재강), 오프라인 모든 MD분들께 감사드립니다.

판매에 도움을 주시는 여산통신(027369636 조미영, 조영관), 콜롬북스(01022947981 **이홍열**), 네이버 카페, 블로그, 포스트, 사전, 블로거분들, 잡지사 관계자분들, 신문사 관계자분들께 감사드립니다.

꾸준히 마이클리시 책을 구매해주시고, 응원해 주시는 **독자분들**께 진심으로 감사드립니다. 즐겁게 영어 공부하실 수 있도록 최선을 다해 돕겠습니다.

TOP10 연설문

1판 1쇄   2017년 11월 14일
1판 5쇄   2023년 12월 14일

지은이   Mike Hwang & 장위
발행처   Miklish
전화   010-4718-1329
홈페이지   miklish.com
e-mail   iminia@naver.com
ISBN   979-11-87158-05-9

국립중앙도서관 출판예정도서목록(CIP)

Top10 연설문 : 딕테이션·쉐도잉으로 영어독해·영어듣기 잘하는법 /
Mike Hwang, 장위 지음
서울 : Miklish, 2017   336p. ;   12.7cm X 18.8cm

본문은 한국어, 영어가 혼합수록됨
ISBN 979-11-87158-05-9 04190 : ₩14000
ISBN 979-11-87158-06-6 (세트) 04190

연설문[演說文]
영어 학습[英語學習]

747-KDC6
428-DDC23   CIP2017024941

리뷰 쓰시는 모든 분들께
숨겨진 연설문 PDF를 드립니다.

goo.gl/nusdzc

332쪽 참고